Breve Historia de la Preparación Ministerial

Justo L.González

editorial clie

EDITORIAL CLIE
C/ Ferrocarril, 8
08232 VILADECAVALLS
(Barcelona) ESPAÑA
E-mail: libros@clie.es
http://www.clie.es

© 2012 por Justo L. González
Esta edición es publicada con autorización por contrato
con la Editora Hagnos Ltda. avenida Jacinto Júlio, 27
Cep 04815-160, São Paulo, SP, Brasil con el título LA
PREPARACIÓN MINISTERIAL AYER, HOY Y
MAÑANA

© 2013 Editorial CLIE

BREVE HISTORIA DE LA PREPARACIÓN MINISTERIAL
D.L.: B.21864-2012
ISBN: 978-84-8267-928-0
Clasifíquese: 310 - Historia de la Iglesia Contemporánea
CTC: 01-03-0310-14
Referencia: 224840

Impreso en USA / Printed in USA

Contenido

1
Introducción

No cabe duda de que la preparación ministerial está en crisis. De ello hay muchos indicios, pero bien vale la pena prestarles atención a algunos de ellos.

Entre católicos romanos, la crisis es urgente, sobre todo debido a la falta de vocaciones ministeriales. Hace unos años, me tocó hablar en la graduación de una de las principales escuelas teológicas católicas en los Estados Unidos. Los graduandos eran doce, de los cuales, por diversas razones, solamente ocho eran candidatos para la ordenación. Esa misma noche fue la graduación del programa para ministros laicos que esa escuela ofrece junto a la arquidiócesis donde está colocada. La graduación fue en la catedral, y el número de graduandos era tal que escasamente había lugar para sus parientes más allegados. El programa que aquellos graduandos habían seguido les había tomado varios años, e incluía varios cursos sobre teología, Biblia, historia, prácticas ministeriales, etc. Luego, el problema no es que no haya interés en los estudios ministeriales y teológicos. En este caso el problema es que, al tiempo que hay interés en el ministerio laico y en los estudios que puedan preparar para él, no hay interés en el ministerio ordenado. Esto le presenta al catolicismo romano un reto urgente que a su vez lleva a discusiones sobre el celibato eclesiástico, el sacerdocio de la mujer, etc. No me corresponde a mí ofrecer soluciones que no se me han pedido. Pero sí me atrevo a decir que, si la Iglesia Católica Romana no le halla solución a este problema, dentro de pocas décadas los sacerdotes ordenados tendrán tiempo solamente para decir misa, celebrar matrimonios y otras tareas semejantes, mientras será el laicado quien se ocupará del ministerio pastoral en sus dimensiones más personales. Y esto a su vez agudizará la crisis, pues ya hay indicios de que una de las causas de la presente escasez de vocaciones sacerdotales es que las tareas a las que muchos sacerdotes tienen que dedicar buena parte de su tiempo distan mucho del trabajo pastoral en el sentido estricto. Son tareas administrativas y sacramentales que no despiertan la imaginación ni el entusiasmo de jóvenes que buscan una ocupación que les dé sentido a sus vidas.

Los indicios de la crisis entre protestantes son otros. Excepto en algunas denominaciones, la crisis no está en que no haya quienes escuchen el llamado al ministerio ordenado. La crisis está más bien en la falta de conexión entre ese llamado y buena parte de lo que se ofrece en términos de preparación para el ministerio. El caso resulta claro para la población latina en los Estados Unidos entre la cual me muevo más frecuentemente. En cualquier ciudad de mediano tamaño hay un centenar de iglesias evangélicas de habla hispana —y en algunas hay bastante más de mil. Pero al mismo tiempo, en todos los programas de maestría en seminarios acreditados del país no hay sino 1.223 estudiantes de origen latino —y esto contando a Puerto Rico y Canadá, y tanto a católicos como protestantes. Entre las iglesias que normalmente requieren estudios de seminario, casi todas se han visto en la necesidad de desarrollar rutas alternas para el ministerio ordenado. Así, por ejemplo, la Iglesia Metodista Unida, que aparte de la Bautista del Sur es la que tiene mayor número de seminaristas latinos o latinas, tiene también lo que llaman el "curso de estudios conferenciales", y los pastores y pastoras que siguen ese curso son bastante más que los que siguen la ruta del seminario. La Iglesia Presbiteriana Unida normalmente no ordena a quienes no sean graduados de seminario; pero lo que han hecho para el caso de los latinos es proveerles lo que llaman un programa para "pastores laicos". El resultado es que buena parte del ministerio latino dentro de la Iglesia Presbiteriana está en manos de estas personas, que funcionan plenamente como pastores y pastoras, pero no pueden llegar a la ordenación ni a ser miembros del presbiterio. (En este contexto, es justo mencionar que el programa no se originó para preparar pastores latinos, sino para líderes en iglesias rurales que no pueden cubrir los salarios mínimos de los pastores ordenados.)

Naturalmente, lo que acontece en las iglesias que en teoría requieren estudios de seminario para el ministerio pastoral se acentúa en las que no los requieren. Aunque la Iglesia Bautista del Sur tiene el mayor número de latinos entre los estudiantes de seminario, estos no son sino una pequeñísima fracción de quienes sirven en iglesias, cada uno de ellos con diferentes niveles de preparación ministerial —o sin ninguna preparación formal. Entre las denominaciones pentecostales, solamente las más grandes —como la Iglesia de Dios y las Asambleas de Dios— tienen seminarios, y a ellos acude una proporción ínfima de sus pastores y pastoras. Tanto dentro de esas denominaciones como en otras menores, y ciertamente entre el enorme número de iglesias independientes que surgen por todas partes, la preparación ministerial es bastante informal. Algunas de ellas tienen institutos bíblicos reconocidos y supervisados por la denominación misma. Pero la inmensa mayoría de los institutos bíblicos no tienen más supervisión que la de ellos mismos. Algunos son escuelas residenciales, con un currículo determinado, biblioteca y una lista formal de docentes. Pero muchos otros son programas establecidos y dirigidos por algún pastor en los que él mismo dicta la mayoría de los cursos, y es también quien determina qué cursos ha de ofrecer según su propia conveniencia e intereses. Esa es la educación ministerial que recibe la inmensa mayoría de los pastores y pastoras latinos en los Estados Unidos.

Lo que es cierto en el ámbito limitado de la comunidad latina en los Estados Unidos lo es más en América Latina misma. La explosión demográfica en la mayoría de las iglesias evangélicas latinoamericanas —particularmente entre las pentecostales— sobrepasa largamente los recursos de los seminarios establecidos. En muchos casos, los seminarios más tradicionales están en las capitales, y se les hace difícil a los candidatos asistir a ellos, con el resultado de que casi todas las denominaciones han desarrollado programas alternos para llegar al ministerio ordenado, al tiempo que otras han establecido numerosos seminarios en diversas regiones del país —aun a costa del nivel académico de tales seminarios.

Al mismo tiempo, escuchamos en América Latina lo que también se escucha en los Estados Unidos —y mucho más en Europa:

la queja de que los seminarios y escuelas de teología no parecen preparar adecuadamente a sus estudiantes para la práctica ministerial, y que frecuentemente quienes no tienen estudios de seminario son mejores pastores y pastoras que quienes sí los tienen. Sin darles toda la razón a quienes piensan de ese modo, hay que confesar que las denominaciones que más crecen no son las mismas que requieren estudios de seminario para el pastorado. Aun cuando el crecimiento numérico de la iglesia no ha de ser la única medida de juicio en cuanto a la efectividad de su ministerio, el hecho mismo de que las iglesias que más estudios requieren de sus pastores parecen ser también las que menos crecen parece indicar un desfase entre lo que se enseña en el seminario y lo que se practica en la iglesia. Y esto debería ser toque de alarma para la educación teológica tradicional.

A todo esto se suman nuevos elementos tecnológicos que, al tiempo que nos presentan nuevas alternativas en la preparación ministerial, retan nuestra pedagogía tradicional. Hasta hace poco, la mayor dificultad que teníamos en la preparación ministerial era la escasez de recursos disponibles para los estudiantes. Nos quejábamos de lo limitado de nuestras bibliotecas. Hoy, la mayor dificultad que tenemos es la inmensa cantidad de información —tanto información correcta y valiosa como falsa y tendenciosa— al alcance de los dedos de quien tenga una computadora y acceso a la red cibernética. Luego, se plantean preguntas urgentes tales como: ¿Cuál es el mejor uso que podemos darles a tales recursos? ¿Cómo enseñarles a nuestros estudiantes y pastores a juzgar críticamente lo que encuentran en la internet? Si buena parte de la educación ministerial consiste en la formación del carácter y de la espiritualidad, ¿será posible cumplir esas funciones a distancia, mediante contactos meramente cibernéticos? ¿Qué puede enseñarse a distancia, y qué no? ¿No será necesario desarrollar una teología crítica de las nuevas comunicaciones cibernéticas, y aplicarle esa teología a nuestra pedagogía?

Por otra parte, si la red cibernética nos presenta con la nueva dificultad de un exceso de información, tanto buena como no tan buena, ese exceso de información existe también en los recursos impresos. Cuando yo era estudiante de seminario, hace poco más de medio siglo, la dificultad que teníamos era que no había en español libros de teología protestante. El mercado era escaso, y los costos de producción grandes. Luego, los pocos libros que había venían en su mayoría de casas publicadoras que recibían subsidios misioneros —casas tales como la CUPSA y El Faro en México y La Aurora en Argentina. Hoy, debido al crecimiento numérico en nuestras iglesias, el evangelio se ha vuelto negocio productivo. Por todas partes surgen nuevos programas de publicación. Puesto que lo que ahora llaman "*desktop publishing*" resulta fácil y relativamente económico, cualquiera puede publicar sus sermones, sus estudios bíblicos, y sus complicados cálculos acerca de cuándo vendrá el Señor. Luego, aunque en menor grado, el problema que hoy tenemos con los materiales impresos es paralelo al que tenemos con la red cibernética: un exceso de información, a veces buena, otras regular y otras indiscutiblemente falsa.

En los campos de la teología, de la Biblia y otros parecidos, hoy hay disponibles en nuestra lengua materiales excelentes, producidos por los mejores eruditos de todo el mundo. El problema es que muchos de ellos han sido escritos en otros contextos, y para una audiencia diferente, con el resultado que hay muchos libros buenos, pero de difícil lectura y más difícil aplicación. Y, al otro extremo, hay muchísimos libros de fácil lectura, ¡pero que es mejor no leer! Hay libros acerca de si vamos por el quinto sello o por la sexta trompeta; acerca de cómo Dios respondió a mis oraciones y conseguí un buen trabajo o me saqué la lotería; acerca de lo que la Biblia nos dice si multiplicamos el número de los apóstoles por el número de iglesias en el Apocalipsis, y a esto le sumamos el número de los profetas... Pero los libros de fácil lectura y buena teología son escasos, ¡y hay que rebuscarlos entre los montones de libros que prácticamente no se pueden leer y otros que sería mejor no leer! Para empeorar las cosas, las realidades del mercado son tales que esta última categoría de libros es la que más se produce y se vende en América Latina. Y, puesto que hasta dónde podemos ver esta situación continuará en las próximas décadas, no basta con que los profesores y profesoras escojamos buenos libros para que lean nuestros estudiantes, sino que hay que proveerles con los instrumentos críticos para distinguir entre el trigo y la cizaña. No basta con buscar un buen libro sobre Isaías y usarlo como libro de texto. También es necesario que, sobre la base de lo que les enseñamos, nuestros estudiantes aprendan a juzgar cualquier libro que caiga en sus manos, no solamente sobre Isaías, sino también sobre Jeremías o sobre cualquier otro tema.

Sobre todo esto volveremos más adelante. Lo menciono aquí solamente para mostrar la urgencia y dificultad del tema que abordamos. La crisis en la preparación ministerial es tal que no bastará con algún ajuste curricular, o con nuevos métodos administrativos, sino que nos será necesario examinar todo lo que hacemos con vista a cambios bastante más radicales.

En vista de todo esto, lo que me propongo es echar una breve mirada hacia el pasado de la preparación ministerial, para ver si hay algo en ese pasado que pueda servirnos de pauta para nuestra respuesta a los retos del presente. Y para mostrar además que buena parte de lo que hoy nos parece perfectamente natural y hasta necesario para la vida de la iglesia —por ejemplo, los seminarios mismos— no siempre lo fue, y que posiblemente haya otros modos de hacer las cosas. Es decir, que el conocimiento del pasado —o más bien, de los pasados— nos libra de la esclavitud al pasado inmediato, cuya continuación frecuentemente se nos presenta como la única alternativa posible.

Repetidamente he dicho en otros lugares que la historia no se escribe en realidad desde el pasado, sino desde el presente y desde el futuro que anhelamos o que tememos.[1] El pasado nos presenta tan grande variedad y multitud de datos, que es imposible prestarles igual atención a todos ellos. Quien estudia la historia lo hace inevitablemente desde su propia perspectiva, y las preguntas que les planteará a sus fuentes escritas o arqueológicas necesariamente reflejarán, no sólo el tema de que tratan esas fuentes, sino también las preocupaciones del historiador

---

[1] Uno de esos lugares es: *Mapas para la historia futura de la iglesia* (Buenos Aires: Kairos, 2001). Otro es: *La historia también tiene su historia* (Buenos Aires: Kairos, 2001). Estos dos libros, con algunas variantes, se han publicado en conjunto en inglés: *The Changing Shape of Church History* (Indianapolis: Chalice, 2002).

o historiadora. Si aquí nos interesa el pasado de la preparación ministerial, ello es porque nos interesan también, y sobre todo, su presente y su futuro.

Por otra parte, el único modo que tenemos para enfrentarnos al futuro es la experiencia del pasado. Si para venir a México compré un boleto de avión, ello se debió a que la experiencia pasada, tanto mía como de millares de otras personas, me dice que ese es el mejor medio para llegar a México. Y si al salir de mi casa para el aeropuerto doblé hacia la izquierda, ello se debió también a experiencias pasadas, tanto mías como de quienes hicieron los mapas que hoy nos ayudan para llegar de un lugar a otro. Sin tales mapas y tales experiencias pasadas acumuladas por generaciones anteriores, nunca sabríamos lo que está a la vuelta de la esquina. Sin pasado, no sabríamos cómo vivir en el presente. No sabríamos cómo ni cuándo sembrar el maíz, ni cómo cocinarlo, ni cómo sazonarlo.

Hoy es particularmente importante subrayar esto, puesto que la vertiginosa rapidez de los cambios tecnológicos nos hace mirar solamente hacia el futuro, como si allí se encontraran las soluciones para todos nuestros problemas y todas nuestras dudas. Pero lo cierto es que todos esos cambios no serían posibles sin una larga historia en la que alguien aprendió a sumar y restar, alguien inventó el cero, alguien estudió las posibilidades de los sistemas binarios, alguien los relacionó con las corrientes eléctricas, etc., etc. Esa mirada fija en el futuro nos lleva a pensar que el presente, y lo que pueda salir de él, son la única alternativa que tenemos, y a olvidar que diversos momentos en el pasado bien pueden ofrecernos maneras novedosas y valiosas de responder a los retos del presente y del futuro. Así, en el campo de la preparación ministerial, bien puede ser que en el curso de nuestro estudio descubramos que lo que pensamos ha sido siempre el modo de preparar líderes para la iglesia —los seminarios, institutos bíblicos y otras escuelas especializadas— no es sino creación relativamente reciente, y que en otros tiempos esa preparación tenía lugar de otros modos —modos que bien podrían señalarnos hoy nuevas pautas en la tarea de la preparación ministerial y la educación teológica.

Y lo que se puede decir en el campo de la tecnología también se puede decir en el de la teología, aunque frecuentemente no nos percatemos de ello. Estoy convencido de que el mejor modo de estudiar teología es indagar acerca del desarrollo histórico de la teología misma; pero eso es harina de otro costal, y tema para otra ocasión. Baste señalar que hasta en el campo de la escatología, que por definición trata del futuro, tenemos que recordar siempre que nuestra esperanza se fundamenta en el hecho de que quien vendrá es quien ya vimos; que ese futuro se nos muestra glorioso porque hemos conocido el amor y la gracia de quien esperamos; que hay una conexión indisoluble entre la escatología y la cristología — ¡y entre la cristología y la creación!

En resumen, lo que nos proponemos entonces es explorar el pasado de la preparación ministerial, para ver si hay en ese pasado elementos que puedan servirnos de guía o de inspiración para la construcción del presente, con miras al futuro.

2
La iglesia antigua

En esa mirada hacia el pasado, tenemos que comenzar confesando que el Nuevo Testamento no nos ofrece muchos datos útiles. Ciertamente, los años del ministerio público de Jesús fueron años en que sus seguidores inmediatos se prepararon para el ministerio. Más adelante, cuando Pedro sugiere que se nombre alguien para llenar la vacante dejada por Judas (Hch 1.15-26) establece como uno de los requisitos que tal persona debe llenar el haber estado con Jesús sin interrupción desde los inicios de su ministerio. (Requisito, dicho sea de paso, que pocos de entre los once llenan.) Y luego echan suertes sobre quién ha de ser esa persona. ¡Lo cual no es un método que muchos recomendarían hoy! Más adelante la congregación de Jerusalén escoge a siete, pero no se nos dice qué preparación estos siete puedan haber tenido. Después Pablo escoge a Timoteo, quien ya ha recibido cierta preparación en casa de su madre y su abuela. En las Epístolas Pastorales se señalan características que los obispos y diáconos han de poseer; pero nada se nos dice acerca de su preparación.

Después del Nuevo Testamento, todavía es poco lo que se nos dice acerca de la preparación ministerial, pero sí podemos inferir bastante. Lo primero es que indudablemente para ser pastor u obispo era necesario saber leer. El culto dominical cristiano, que frecuentemente duraba varias horas, tenía dos partes: el servicio de la Palabra y el servicio de la mesa. Para presidir esta última parte, había que saber al menos algo acerca de la historia de Israel y de la obra de Dios en el evangelio, sobre todo por cuanto quien presidía dirigía la gran oración eucarística, en la que se daba gracias a Dios por todas sus bondades, no solamente en el presente, sino en toda la historia desde la creación misma. Pero para presidir el servicio de la Palabra había que saber bastante más. Ciertamente, había que saber leer, pues buena parte del servicio consistía en lecturas bíblicas. El índice de alfabetización en las ciudades grecorromanas —que fue donde primero se abrió paso el cristianismo— era bajo, como bien pudiéramos suponer. Se calcula que en las provincias de habla latina oscilaba entre el 5 y el 10 %.[1] Pero todo parece indicar que la mayoría de los cristianos eran mujeres, o varones que pertenecían a las clases más bajas de la sociedad. Excepto en las clases más elevadas de la sociedad, eran pocas las mujeres en el mundo grecorromano que sabían leer. Y entre los esclavos y artesanos, para quienes la lectura no era necesaria y para quienes en todo caso había poco que leer, el analfabetismo era común. Las principales excepciones eran los esclavos que servían de tutores a los niños en las familias ricas —es decir, los llamados "pedagogos"— y algunos comerciantes y artesanos de escala mayor que usaban rudimentos de escritura para llevar sus cuentas y mantener las comunicaciones necesarias para su trabajo. Luego, entre los miembros de la iglesia, quienes sabrían leer serían una minoría, y era entre esa minoría que se elegía a los obispos, una de cuyas funciones principales era presidir en el culto. (Un caso interesante es el de Hermas, hermano del obispo de Roma a mediados del siglo segundo. Hermas era esclavo, aunque suficientemente culto para escribir el libro que hoy conocemos como *El pastor*. Aunque no nos dice en qué consistían sus obligaciones como esclavo, lo más probable es que sirviera como pedagogo, o si no como amanuense para sus amos. Del *status* de su hermano, Pío, sabemos poco. Pero por ser hermano de Hermas cabe pensar que sería también esclavo, o en el mejor de los casos liberto.)

Pero el servicio de la Palabra requería no sólo que se leyeran las Escrituras, sino también que se interpretaran. Particularmente aptos para esto eran quienes habían hecho estudios seculares, especialmente de retórica, pues buena parte de esos estudios se dedicaba a la interpretación de los antiguos poetas y otros autores

---

[1] William V. Harris, *Ancient Literacy* (Cambridge, Massachusetts: Harvard University Press, 1989), 272.

grecorromanos, y los principios de interpretación que se aplicaban a esos textos en el campo de la retórica eran útiles también para la interpretación de los textos bíblicos en el servicio de la Palabra. (Es por esto que muchas de las interpretaciones alegóricas de los teólogos de entonces que hoy nos parecen extrañas y hasta descabelladas convencían a quienes entonces las leían o escuchaban. Lo que estos intérpretes hacían con la Biblia no era sino lo que los oradores seculares de la época hacían con Homero o con Hesíodo.) En todo caso, la iglesia no contaba con escuelas donde enseñar la lectura ni los principios de interpretación de textos antiguos, y por tanto la mayoría de los obispos había aprendido esto en las escuelas seculares.

Además, los obispos servían también de vínculo entre las iglesias. Puesto que los contactos con otros obispos frecuentemente se llevaban a cabo mediante correspondencia, también para esto era necesario que los obispos supieran leer y escribir. Aunque la mayoría de esa correspondencia antigua se ha perdido, sí nos quedan vestigios de ella en la epístola que, a través de su obispo Clemente, la iglesia de Roma le dirigió a la de Corinto a fines del siglo primero. Poco después, tenemos las siete cartas de Ignacio de Antioquía, cinco de ellas dirigidas a iglesias por las que iba pasando camino al martirio, una a la iglesia de Roma, donde esperaba morir, y otra al joven obispo Policarpo. Más adelante, tenemos la correspondencia que Policarpo les dirige a los filipenses. Y sabemos además de varios otros obispos que se dedicaron a escribir. Entre ellos cabe mencionar a Papías de Hierápolis, quien se dedicó a coleccionar los "dichos del Señor", y a Melitón de Sardis, de cuyos muchos escritos solamente se conserva un bello sermón que posiblemente fue escrito para hacerlo circular entre otras iglesias cercanas. En el año 411, en el sínodo africano reunido para condenar el donatismo, solamente había un obispo —Paulino de Zura— que era "ignorante en letras";[2] pero esto bien puede querer decir, no que era analfabeto, sino sencillamente que no era instruido.

---

[2] Harris, *Ancient Literacy*, 320-21.

En resumen, aunque hay toda suerte de indicios de que los obispos del siglo segundo eran personas cultas que al menos sabían leer e interpretar textos y sostener correspondencia con sus colegas, no hay noticia alguna de que la iglesia tuviera escuelas para la preparación de tales obispos.

Y aun más adelante, cuando ya había algunas escuelas, lo más común era que esas escuelas no fueran para la preparación de pastores, y que los pastores mismos fueran elegidos sin otra preparación académica que la recibida en las escuelas seculares. De esto último, hay múltiples ejemplos, pero basta con citar a dos de entre los más distinguidos teólogos de la iglesia occidental, Ambrosio y Agustín.

Aunque criado en un hogar cristiano, y aunque era creyente fiel, Ambrosio ni siquiera había sido bautizado cuando se le eligió obispo de Milán. En una semana pasó de catecúmeno a obispo. Inmediatamente hizo venir a Simpliciano, persona ducha en cuestiones teológicas, para que le sirviera de mentor y consejero en esas cuestiones. No sabemos exactamente qué fue lo que Simpliciano le enseñó, y qué aprendió de otras fuentes. El hecho es que, sin haber asistido a seminario alguno, Ambrosio se dedicó a estudiar teología, particularmente leyendo a escritores griegos tales como Basilio el Grande, y vino a ser uno de los principales expositores y defensores de la doctrina trinitaria en el Occidente. También escribió un tratado *Sobre las tareas del clero*, sobre el que volveremos más adelante.

En cuanto a Agustín, tampoco estudió teología formalmente antes de ser hecho, primero presbítero, y luego obispo. Todos los estudios de su juventud fueron de retórica clásica. Como parte de esos estudios, leyó a Cicerón y a los filósofos neoplatónicos. Pero no se dedicó a las cuestiones teológicas sino después de su conversión en el 386, cuando antes de su bautismo se retiró por algún tiempo a Casicíaco, y más tarde creó una comunidad de estudio y devoción en Tagaste, hasta que fue forzado a aceptar las órdenes de presbítero en el 391. Entre su conversión y su ordenación, Agustín escribió varios tratados teológicos —entre ellos *Contra los académicos*, *Del orden*, *De la cantidad del alma*, *Del libre albedrío* y *De las costumbres de los maniqueos y de la iglesia católica.* Fue la fama adquirida por esos escritos lo que llevó al obispo Valerio a forzarle a ocuparse del pastorado en Hipona. Pero tampoco Agustín tuvo estudios formales de teología, y en toda una serie de puntos teológicos sus opiniones al principio llevaban un fuerte sello neoplatónico más bien que cristiano, de modo que no fue sino con el correr de los años, y ante la necesidad de estudiar y exponer las doctrinas cristianas, que su pensamiento se fue refinando.

Muchos otros casos podrían citarse. Basilio de Cesarea y Gregorio de Nacianzo estudiaron en la Academia de Atenas, y llegaron a ser grandes teólogos; pero nunca fueron estudiantes de teología.

Por otra parte, al mismo tiempo que todo esto acontecía, sucedía también que se iba distinguiendo cada vez más entre obispos y presbíteros. La distinción entre estos dos títulos, originalmente sinónimos, surgió con el crecimiento de la iglesia en ciudades donde un sólo obispo no podía atender a todas las necesidades de la feligresía, sobre todo por cuanto era necesario celebrar el culto en varias localidades dentro de la ciudad. Los presbíteros vinieron a ser entonces ayudantes del obispo, y sus representantes en cultos donde el obispo estaba ausente. Por un proceso natural, esa distinción de rangos —de los cuales pronto fueron surgiendo otros, como el de lector— llevaba a programas de estudios bajo la supervisión de los obispos. No tenemos indicio de que tales estudios fueran formales, pero sí sabemos que los presbíteros leían y practicaban lo que los obispos les recomendaban, de modo que su presbiterado vino a ser una preparación para su posible *mentoría* tanto para ese ministerio como para su probable elección al episcopado. En el siglo tercero, en una de las cartas de Cipriano vemos que acostumbraba examinar a los candidatos a diversas órdenes, y que estos a su vez tenían funciones específicas, en las que al menos algunos presbíteros tenían funciones de enseñanza, y algunos lectores se ocupaban de la instrucción de los catecúmenos. En esa carta, dirigida a los presbíteros y diáconos bajo su supervisión, vemos también, aunque de pasada, que Cipriano se ocupaba de la preparación de los clérigos bajo su supervisión. Cipriano les informa a sus presbíteros y diáconos:

> Sabed, pues, que he ordenado lector a Saturo, y subdiácono al confesor Optato, a los que ya hace tiempo, de común acuerdo, los teníamos preparados para la clericatura, puesto que a Saturo más de una vez le habíamos encargado la lectura el día de Pascua, y últimamente, cuando examinábamos meticulosamente a los lectores con los presbíteros instructores, ordenamos a Optato como lector de los que instruyen a los catecúmenos, examinando si reunían todas las cualidades que debe haber en los que se preparan para el clero.[3]

En cuanto a los obispos mismos, no había quien supervisara su instrucción, aunque sí sabemos que al menos desde mediados del siglo segundo se acostumbraba que quien fuera elegido obispo de una comunidad escribiera una declaración de fe bastante detallada, y que sus presuntos colegas en ciudades cercanas tenían autoridad para juzgar si el electo tenía los conocimientos y la ortodoxia necesarios para cumplir fielmente con las tareas que se le encomendarían. De ser así, varios de esos obispos vecinos acudían a la ordenación del nuevo obispo, con lo cual daban testimonio de su acuerdo teológico con él. Pero, aun con esa insistencia en la ortodoxia y los conocimientos de los pastores, no había escuelas dedicadas a su preparación.

A pesar de ello, sí es cierto que pronto comenzaron a haber escuelas cristianas. Las más notables, y las que nos son mejor conocidas, son la que Justino Mártir fundó en Roma y la célebre escuela catequética de Alejandría.

La escuela de Justino Mártir seguía el patrón de las antiguas escuelas filosóficas. Justino estaba convencido de que el cristianismo era la "verdadera filosofía", y en su escuela se dedicó a exponerla. No todos los que asistían a ella eran cristianos, sino que muchos venían en busca de la verdad y otros acudían por mera curiosidad. El único discípulo de Justino de quien sabemos algo es Taciano, quien más tarde, en imitación a su maestro pero desde una perspectiva muy diferente, escribiría contra los paganos y en defensa del cristianismo —pero quien, hasta donde sabemos,

---

[3] *Ep.* 21.

siguió siendo laico, y aparentemente a la postre fundó una secta de tendencias gnósticas. Sí sabemos que, como resultado de su escuela y de su fama, Justino fue retado a un debate por el filósofo pagano Crescencio, y hay quien sugiere que fue Crescencio quien, ante la derrota sufrida, tomó venganza acusando a Justino ante las autoridades, y llevándole así al martirio.

De la escuela catequética de Alejandría sabemos algo más —y también duró bastante más que la de Justino en Roma. Jerónimo afirma que la fundó San Marcos; pero tal dato puede descontarse, dada la tendencia en tiempos de Jerónimo de atribuirle a todo orígenes apostólicos o subapostólicos. Lo que sí es indudable es que para el año 190 ya existía en Alejandría un centro de estudios cristianos y que, si no ya en esa fecha, pronto ese centro vendría a ser la escuela catequética de esa ciudad. Fue allí que Clemente de Alejandría, un ateniense que vagaba por el mundo en busca de la verdad, se topó con el maestro Panteno, quien le enseñó la "verdadera filosofía" —es decir, el cristianismo. Clemente permaneció en Alejandría, donde sucedió a Panteno en la dirección de la escuela que este parece haber fundado. Allí su discípulo más notable fue Orígenes, a quien el obispo Demetrio puso a cargo de la preparación de los catecúmenos —razón por la cual se le llama a aquella institución "escuela catequética de Alejandría".

Aquella escuela se responsabilizaba especialmente por la preparación de candidatos al bautismo —es decir, de los "catecúmenos", sobre lo cual volveremos más adelante. Pero era también un centro de enseñanza cristiana para quienes quisieran saber más de su fe, así como para paganos a quienes atraía la fama de Orígenes. Así, por ejemplo, Julia Mamea, la madre del emperador Alejandro Severo, fue a escuchar las conferencias de Orígenes. Además de temas teológicos, se enseñaba también ciencias, matemáticas y otras disciplinas. Y en ocasiones algunos maestros iban invitados a lugares donde existía alguna disputa o duda teológica, para ayudar a dirimirla. Tal fue el caso del propio Orígenes, quien fue invitado a acudir a Arabia para aclarar ciertos temas acerca de la naturaleza de Dios.

Todo esto quiere decir que, aunque la escuela de Alejandría se parecía en algunas cosas a nuestros seminarios modernos, difería de ellos en cuanto su propósito principal no era preparar pastores y pastoras, sino estudiar, clarificar y explorar la fe cristiana. Pero, a pesar de ello, hubo líderes notables surgidos de ella —por ejemplo, Gregorio Taumaturgo, discípulo de Orígenes quien llegó a ser obispo y gran evangelista en la ciudad de Neocesarea, en el Ponto. (Según dice uno de sus biógrafos, cuando Gregorio llegó al episcopado en Neocesarea había diecisiete cristianos en la ciudad; y cuando murió, quedaban diecisiete paganos.) Poco a poco, aquella escuela vino a ser centro cuyos alumnos llegaban a ocupar pastorados, de modo que al parecer ya hacia fines del siglo tres era un centro de producción de líderes para la iglesia. Además, sabemos que por la misma época había otra escuela semejante en Antioquía cuyo más famoso profesor fue Luciano de Antioquía, maestro de Arrio y de la mayoría de sus seguidores —quienes se trataban entre sí de "colucianistas".

Pero hay que recordar que para ser pastor u obispo lo primero que era necesario era ser elegido por la congregación. Luego, aunque muchos de quienes estudiaban en estas escuelas llegaron a ser obispos, no acudían a ellas como candidatos al ministerio ordenado, sino como laicos interesados en la verdad cristiana.

En resumen, durante los primeros siglos de la vida de la iglesia no hubo programas formales de educación para el pastorado. Puesto que las tareas pastorales —sobre todo la dirección del culto y la enseñanza— requerían ciertos conocimientos, lo normal era elegir obispos a quienes ya poseían tales conocimientos, no porque hubieran estudiado en alguna escuela de la iglesia, sino porque gozaban de una educación secular —normalmente en los campos de la literatura y su interpretación, y de la retórica. Por ello, como veremos más adelante, por largo tiempo no hubo la distinción que se hace hoy entre la educación teológica de la iglesia como un todo y la preparación para el pastorado.

Según se fue desarrollando la distinción entre obispos y presbíteros, los primeros comenzaron a supervisar a los últimos tanto en sus prácticas pastorales como en su educación. Puesto que pronto se comenzó a elegir a los obispos de entre los presbíteros, esto resultó en un proceso de mentoría en el que los obispos se ocupaban de adiestrar a sus colegas, entre los cuales se contaban sus posibles sucesores.

En cuanto a las escuelas cristianas, surgidas a partir del siglo segundo, pero más fuertes en el tercero, su propósito específico no era la preparación de ministros, sino la investigación, la defensa de la fe y la instrucción catequética. Pero a pesar de ello pronto hubo estudiantes de las principales de esas escuelas —la de Alejandría y la de Antioquía— que llegaron a ser obispos.

3
El catecumenado

Volviendo entonces a la "escuela catequética de Alejandría", conviene aclarar eso de "catequética", pues por espacio de siglos la principal preparación teológica y ministerial tomaba dos formas particulares: el servicio de la Palabra, del que ya hemos tratado, y el catecumenado. La palabra "catecumenado" viene de "catequesis", que quiere decir enseñanza. La encontramos ya en la Epístola a los Gálatas 6.6: "el que es enseñado en la palabra [en griego, *ho katechoumenos*; y en la traducción latina, *is qui catechizatur*] haga partícipe en toda cosa buena al que lo instruye [en griego, *to katechounti*; en latín, *ei qui catechizat*]". Y el mismo verbo aparece también en Lucas 1.4, donde Lucas le dice a Teófilo que "has sido instruido" [catequizado], en Primera de Corintios 14.19, donde Pablo dice que prefiere enseñar [catequizar] antes que hablar en lenguas, y en Hechos 18.25, donde se declara que Apolos "había sido instruido" [catequizado].

Los primeros conversos al cristianismo eran, o bien judíos, o bien "temerosos de Dios" —es decir, personas que, como Cornelio y el eunuco etíope, conocían la fe de Israel, creían en su Dios y seguían sus principios morales, pero por alguna razón no se hacían judíos. Cuando tales personas aceptaban a Jesucristo como el Mesías, no era necesario instruirles acerca de esos principios morales, de la necesidad de evitar la idolatría, de la historia de Israel, o de otras cuestiones semejantes. Ya todo eso lo sabían y lo practicaban. Luego, era factible bautizarles de inmediato, como ocurre en Jerusalén en los primeros capítulos de Hechos, en el camino a Gaza con el eunuco etíope, y en Cesarea con Cornelio y su casa. Ciertamente, aceptar a Cristo no era cuestión fácil y sin importancia; pero los cambios que se requerían en la vida y en las creencias no eran drásticos.

Pero según la nueva fe fue penetrando ambientes que no conocían la religión de Israel, ni tampoco las exigencias morales del Dios de Israel y de la iglesia, se hizo necesario desarrollar medios por los cuales asegurarse que quien se bautizaba comprendía lo que estaba haciendo, y había practicado la vida cristiana por algún tiempo, de modo que conocía por experiencia propia lo que se requería de los creyentes, así como las dificultades que tendría en la sociedad por el hecho mismo de ser cristiano y parte de la iglesia. Fue esa necesidad lo que le dio origen al catecumenado.

No es posible saber las fechas exactas en que el catecumenado fue tomando forma. A mediados del siglo segundo, Justino Mártir declara en su Primera Apología que...

> Cuantos se convencen y tienen fe de que son verdaderas estas cosas que nosotros enseñamos y decimos y prometen vivir conforme a ellas, se les instruye ante todo para que oren y pidan, con ayunos, perdón a Dios de sus pecados, anteriormente cometidos, y nosotros oramos y ayunamos juntamente con ellos. Luego les conducimos a un sitio donde hay agua, y por el mismo modo de regeneración con que nosotros fuimos también regenerados, [el bautismo] son regenerados ellos.[1]

Justino no da más detalles al respecto. Lo que dice se acerca bastante a lo que sabemos eran las prácticas del catecumenado unas pocas décadas más tarde: un período de preparación, el apoyo y solidaridad del resto de la iglesia, y por fin el bautismo. Pero la falta de detalles no nos permite saber hasta qué punto el catecumenado había llegado a ser ya lo que pronto fue: todo un sistema de preparación para candidatos al bautismo que bien podía tomar dos o más años.

A fines de ese siglo, Tertuliano distingue entre los cristianos ortodoxos y los herejes, entre otras cosas, por cuanto "entre ellos [es decir, entre los herejes] no se sabe quién es un catecúmeno y quién es un fiel, pues entre ellos no hay diferencia".[2]

---

[1] *Primera apología*, 61.
[2] *Praes. haer.*, 41.

La distinción a que Tertuliano se refiere era parte de la institución del catecumenado. Si alguna persona declaraba que quería hacerse cristiana y unirse a la iglesia, se le pedía ante todo que diera muestras de la firmeza de su propósito. Dadas esas muestras a satisfacción del obispo —lo que podía tomar algún tiempo— se le incluía entre los *audientes*, es decir, los oidores u oyentes — algo así como lo que hoy llamaríamos "simpatizantes", o "adherentes". Tales personas podían y debían asistir al servicio de la Palabra, pero antes de comenzar el servicio de la mesa —es decir, la comunión— se les despedía.

Cuando un audiente había mostrado la seriedad de su propósito mediante su rectitud de vida y su perseverancia en el oír, se le incluía entre los "catecúmenos". La admisión al catecumenado era un paso formal, con ciertos ritos entre los cuales se contaba la señal de la cruz sobre la frente. (Al menos en algunas iglesias, también se les imponían las manos a los nuevos catecúmenos y se les colocaba en la boca un poco de sal sobre la cual se había pronunciado un exorcismo.) Una vez declaradas parte del catecumenado, las personas no partían del servicio junto a los audientes, sino que esperaban a que se pronunciara sobre ellos una oración especial. Era entonces que se les despedía, antes de pasar a la celebración de la comunión.

El catecumenado era un período de instrucción, tanto doctrinal como moral y litúrgico. Al principio de ese período el énfasis recaía sobre la moral y la fidelidad al Señor. Lo que se subrayaba era la práctica de la vida cristiana, y la necesidad de ser fiel tanto frente a las presiones sociales que eran una realidad constante para los creyentes, como frente a la persecución que, aunque esporádica, siempre era una posibilidad.

La duración del catecumenado variaba. Por el año 305, el Concilio de Elvira —ciudad hoy en ruinas, cerca de Granada— habla de dos años, y la misma duración aparece en otras fuentes. Si durante ese período alguien daba señales de no estar listo para recibir el bautismo, su catecumenado podía prolongarse bastante más —o se le podía hacer regresar al rango de audiente hasta tanto diese muestras de estar listo a reiniciar su catecumenado. Como veremos más adelante, tras la conversión de Constantino, cuando el catecumenado comenzó a perder importancia, también se fue abreviando. Pero antes de esa fecha lo más común era un período de dos años, y frecuentemente tres.

Cuando los catecúmenos completaban su período de preparación, se les incluía entre los *competentes* —o, en las iglesias de habla griega, los *fotozisomenoi*, es decir, los que estaban en proceso de iluminación, pues se hablaba con frecuencia de la "luz" del bautismo.

Los competentes pasaban entonces un período de preparación especial e intensa antes de recibir el bautismo. Puesto que el bautismo se administraba normalmente en Pascua de Resurrección, ese período final de preparación especial, en el que —como Justino había indicado— toda la iglesia oraba y ayunaba por ellos, es el origen de la Cuaresma. Durante ese período, la preparación instruía las doctrinas, alguna instrucción litúrgica y la práctica de una disciplina estricta. Como hemos visto, Justino afirma que se practicaba el ayuno y la oración. Pero otros autores hablan además de guardar silencio y de practicar abstinencia, tanto sexual como de comidas. En cuanto a la liturgia, se les explicaba únicamente lo necesario para que entendieran algo del rito bautismal a que iban a someterse. Y, en cuanto a las doctrinas, afortunadamente tenemos varios escritos que nos ayudan a saber algo de su contenido. Entre ellos, el más importante es la *Catequesis* de Cirilo de Jerusalén. La *Catequesis* —también llamada *Conferencias catequéticas*— de Cirilo tiene un total de veintitrés conferencias. Las primeras dieciocho van dirigidas a los "competentes", o *fotozisomenoi* como preparación para su bautismo. Las últimas cinco son una explicación más detallada de los sacramentos, y en particular de la comunión. Lo más interesante en estas conferencias es que muestran hasta qué punto se pensaba que las enseñanzas de la iglesia eran demasiado importantes para ser impartidas a cualquiera. Las conferencias comienzan con una clara indicación de su audiencia, compuesta de competentes: "Ya tenéis sobre vosotros un aroma de bendición, pues estáis a punto de ser iluminados."[3] Pero entonces, al final del prólogo, se incluye la siguiente advertencia:

---

[3] *Procatechesis*, 1.

> Estas conferencias catequéticas dirigidas a los *fotozisome-noi* puedes compartirlas con los candidatos al bautismo y con creyentes que ya han sido bautizados, para que las lean. Pero no se las des a todas las personas, ni a los catecúmenos, ni a quienes no son cristianos. Si lo haces, serás responsable ante el Señor. Y si haces alguna copia, escribe esta advertencia al principio, como en presencia del Señor.[4]

Al menos en algunas iglesias, los competentes pasaban entonces por una serie de siete "escrutinios" que tenían lugar ante la congregación de los ya bautizados. En el primero de ellos los competentes daban sus nombres. En cada uno de ellos se les hacían ciertas preguntas y se les daba cierta instrucción. En el tercero de ellos se les daba instrucción especial que incluía, entre otras cosas, el Credo —del que diversas iglesias tenían distintas versiones— el Padrenuestro y varios puntos de doctrina acerca del evangelio.[5] El último de los escrutinios tenía lugar el Sábado Santo, y era parte de la serie de ritos mediante los cuales el competente venía a contarse entre los "fieles".

No es este el lugar para describir todos esos ritos. Baste decir que incluían las "renunciaciones", en las cuales el neófito renunciaba oficialmente a Satanás así como al mundo y su pompa y recibía a Jesucristo, el bautismo mismo, la unción con aceite, el vestir túnicas blancas, y por fin su participación por primera vez en la comunión, junto al resto de la congregación.

Aun entonces continuaba el proceso de iniciación y enseñanza de estos neófitos, a quienes ahora se llamaba "párvulos", durante una semana más. Por fin, el domingo después de Pascua de Resurrección, dejaban a un lado sus túnicas blancas de cristianos recién nacidos y recibían una instrucción final acerca de los ritos por los que habían pasado. (Por lo cual hasta el día de hoy en algunas iglesias el servicio de ese día incluye las palabras de Primera de Pedro 2.2: "desead, como niños recién nacidos, la leche espiritual no adulterada.") Entre los muchos sermones

---

[4] *Ibid.*, 17.
[5] Véanse los sermones 61-69 de San Agustín, dedicados a este contexto.

de San Agustín se encuentran las siguientes palabras acerca del
bautismo y de la comunión, pronunciadas precisamente en ese
contexto, y dirigidas a los neófitos que ahora venían a contarse
entre "fieles" a plenitud:

> ¿Acaso este pan se ha hecho de un sólo grano? ¿No eran,
> acaso, muchos los granos de trigo? Pero antes de conver-
> tirse en pan estaban separados; se reunieron mediante el
> agua después de haber sido triturados. Si no es molido
> el trigo y amasado con agua, nunca podrá convertirse en
> esto que llamamos pan. Lo mismo os ha pasado a voso-
> tros: mediante la humillación del ayuno y el rito del exor-
> cismo habéis sido molidos. Llegó el bautismo, y habéis
> sido amasados con agua para convertiros en pan. Pero
> todavía falta el fuego, sin el cual no hay pan... Puesto
> que el aceite alimenta el fuego, es el símbolo del Espíritu
> Santo... Después del agua llega el Espíritu Santo, que es el
> fuego, y os convertís en el pan, que es el cuerpo de Cristo.
> Y así se simboliza, en cierto modo, la unidad.[6]

La razón por la que me he extendido sobre todo este proceso catequético es que, hasta donde sabemos, esta era la única
preparación teológica formal que se requería de los pastores, así
como de todo creyente. Quien, como Ireneo en el siglo segundo o Cipriano en el tercero, recibía la ordenación, no tenía que
haber hecho más estudios que estos —aunque no cabe duda de
que tanto Ireneo como Cipriano habían estudiado y siguieron
estudiando bastante más.

El otro contexto en que tenía lugar la instrucción doctrinal,
bíblica, teológica y práctica era, como ya hemos dicho, el servicio
de la Palabra que cada domingo precedía al servicio de la mesa.
Ese servicio de la Palabra es el origen de nuestros sermones de
hoy, pero tenía un fuerte énfasis educativo. Hay que recordar que
en aquellos tiempos, cuando no existía la imprenta, la mayoría

---

[6] *Sermón 227.*

de los miembros de las iglesias no tenían otra oportunidad de conocer las Escrituras que cuando las oían leídas en voz alta en el servicio de la Palabra. Era allí que aprendían cuanto sabían de Biblia, y donde también el pastor les ayudaba a entender lo que los textos bíblicos implicaban para sus vidas y para su fe.

En resumen, en la iglesia antigua no había diferencia entre la preparación teológica y bíblica que el laicado recibía y la que preparaba para la ordenación. Ciertamente, quien era ordenado tenía que seguir estudiando a fin de poder dirigir el servicio de la palabra, participar en la preparación de nuevos catecúmenos, etc. Pero como preparación para la ordenación misma, no tenía sino los estudios del resto de la congregación —a los que en algunos casos se añadían estudios seculares, particularmente de retórica o de filosofía.

4

Desde Constantino hasta las invasiones germánicas

En lo que se refiere a la teología y los estudios teológicos, la conversión de Constantino tuvo dos consecuencias al parecer contradictorias. Por un lado, los cien años inmediatamente después de esa conversión produjeron algunos de los más grandes teólogos y escritores de toda la historia de la iglesia: Atanasio, Eusebio de Cesarea, Basilio el Grande, Juan Crisóstomo, Jerónimo, Ambrosio, Agustín y muchos más. Pero por otro lado los mismos años marcan el comienzo de la decadencia del catecumenado.

La decadencia del catecumenado comenzó a raíz de la conversión de Constantino. Por algún tiempo, las viejas prácticas del catecumenado se mantuvieron. Los textos que hemos citado antes, de Cirilo de Jerusalén y de Agustín, pertenecen a ese período. Pero ya en el año 506 —doscientos años después que el sínodo de Elvira dictaminó que el catecumenado duraría dos años— otro concilio reunido en Agde, al sur de lo que hoy es Francia, limitó el período requerido a ochenta días, y menos de un siglo más tarde Gregorio el Grande lo redujo a la mitad —es decir, cuarenta días.

Esto se debió a dos razones principales. La primera fue el apoyo creciente que Constantino y la mayoría de sus sucesores le prestaron a la iglesia. Esto llevó a un aumento inusitado en el número de personas que pedían unirse a la iglesia mediante el bautismo. Ese aumento fue tan rápido, que la iglesia difícilmente encontraba suficientes maestros y mentores para ocuparse de la instrucción catequética de la multitud de candidatos al bautismo. Además, antes de Constantino, buena parte de la instrucción catequética se dedicaba a preparar a los candidatos a vivir como cristianos y cristianas en un ambiente social hostil. Después de Constantino, esa hostilidad iba desapareciendo, y por tanto parecía disminuir también la necesidad de un prolongado período de catecumenado para prepararse a resistir los embates de la sociedad. (Hasta qué punto lo que sucedió fue que la sociedad se hizo más cristiana, y hasta qué punto fue que el cristianismo se fue adaptando a las costumbres y valores de la sociedad, es tema de gran importancia, pero que no podemos discutir aquí.)

La segunda razón hizo su aparición a fines del siglo cuarto y principios del quinto. Se trata de las invasiones germánicas. En unos pocos años, el viejo Imperio Romano de Occidente se vio invadido y conquistado por francos, godos, vándalos y varios otros pueblos germánicos que hasta entonces habían permanecido allende las fronteras del Rin y del Danubio. La ciudad misma de Roma fue conquistada por los godos en el 410. Veinte años más tarde, al morir Agustín, los vándalos habían atravesado toda Europa occidental y cruzado el estrecho de Gibraltar, y se encontraban en las afueras mismas de Hipona. Por todas partes desaparecían las antiguas instituciones romanas —o al menos se transformaban ante el embate de las culturas germánicas. Aunque poco antes el misionero Ulfilas había reducido la lengua goda a la escritura, y traducido la Biblia a ella, la mayoría de los pueblos germánicos no tenían lenguas escritas; y entre los pueblos que las tenían eran pocas las personas que sabían leer.

A todo esto se sumaba el modo en que ahora se entendían tanto el bautismo como la comunión. En cuanto al bautismo, ya desde tiempos de Tertuliano se le había ido dando el carácter de lavacro de todos los pecados cometidos anteriormente, y por tanto existía la tendencia a posponerlo, al menos hasta que se hubieran cometido los pecados comunes de la juventud. De igual modo, los gobernantes y otras figuras públicas frecuentemente posponían el bautismo por temor a que sus responsabilidades civiles y legales confligieran con sus deberes como creyentes bautizados. Por ello el emperador Constantino no fue bautizado sino en el lecho de muerte. Por la misma razón Ambrosio, a pesar de ser cristiano desde su niñez, no recibió el bautismo sino después de ser electo obispo. Pero al mismo tiempo existía la tendencia contraria, que rápidamente hizo prevalecer el bautismo de párvulos recién nacidos. Ambas tendencias se basaban en la misma visión del bautismo como lavacro de todos los pecados cometidos antes de él. Puesto que ahora no parecía haber oposición entre la sociedad y la iglesia, el bautismo, que antes había sido señal que marcaba a un número escogido de personas dispuestas a enfrentarse a toda presión social o jurídica, ahora vino a ser señal de participación en la sociedad. A esto se unieron doctrinas acerca del pecado original cuya consecuencia era que quien moría sin ser bautizado no podía ir al cielo. Y esto a su vez fue haciendo cada vez más común el bautismo de recién nacidos. Sabemos que desde antes, al menos desde mediados del siglo segundo, se acostumbraba bautizar párvulos; pero estos eran hijos de padres cristianos, y se bautizaban junto al resto de la familia. Ahora se esperaba que todo recién nacido se bautizara tan pronto como fuera posible —con la excepción de los judíos, quienes naturalmente no se bautizaban. De hecho, las reducciones del período del catecumenado que ya he mencionado, primero a ochenta días y luego a cuarenta, se refieren específicamente a judíos convertidos al cristianismo, quienes ahora eran prácticamente los únicos que recibían el bautismo como adultos.

Volviendo al tema de la educación, esto quiso decir que el catecumenado prácticamente desapareció. Dentro de los confines de la vieja cristiandad romana, los conquistadores germánicos se fueron convirtiendo al cristianismo. Pero esas conversiones eran tan numerosas y rápidas —y los nuevos conversos tan carentes de disciplinas de estudio— que el catecumenado o bien desapareció o bien se redujo a un mínimo, requiriendo solamente que los candidatos al bautismo supieran el Padrenuestro y algunos otros rudimentos. Aparte de tales paganos convertidos, casi todos los que participaban del catecumenado eran judíos conversos. En algunos de los bordes de la cristiandad, en territorios misioneros, sí existía cierta forma de catecumenado para los paganos que se convertían. Pero, puesto que muchas de esas conversiones tuvieron lugar en masa —y frecuentemente bajo coerción militar— también allí el catecumenado se redujo a un mínimo.

Pero, como ya he dicho, aquel tiempo en que el catecumenado decaía produjo también algunos de los escritores más importantes en toda la historia del cristianismo. En el Occidente de habla latina, tres merecen especial atención como mentores gracias a los cuales la cristiandad latina medieval conservó buena parte de los conocimientos y las letras de la antigüedad: Ambrosio (339-397), Jerónimo (c. 342-420) y Agustín (354-430). A estos tres les tocó vivir en el ocaso del imperio romano de Occidente. Y todos ellos –así como otros menos conocidos— fueron el puente que conectó a la iglesia medieval con la antigüedad tanto cristiana como grecorromana.

En el 378, cuatro años después que Ambrosio fue hecho obispo de Milán, los visigodos derrotaron y dieron muerte al emperador Valente en la batalla de Adrianápolis. Tras llegar a las murallas mismas de Constantinopla, marcharon hacia el oeste, y sus estropicios continuaron hasta que se les permitió establecerse en la región de Moesia. El resultado de esta invasión, y de varias otras por la misma época, fue la pérdida de buena parte de las letras clásicas, a tal punto que pronto casi todos los que sabían leer eran clérigos. Puesto que los antiguos sistemas de educación, con su énfasis en la retórica y en la filosofía, prácticamente desaparecieron, ya no se podía contar con ellos para la preparación de los clérigos. Esto a su vez llevó a varios de los más distinguidos líderes eclesiásticos de los próximos siglos a escribir una serie de obras para la instrucción del clero, muchos de los cuales sabían poco de las letras clásicas. Uno de los primeros de esos escritos fue la obra en tres libros de Ambrosio, *De las tareas del clero*, cuyo mismo título en latín, *De officiis ministrorum*, muestra que pretendía seguir el patrón del *De officiis* de Cicerón, corrigiéndolo y adaptándolo. Su propósito era servir de instrumento para la instrucción del clero, como el propio Ambrosio declara:

> Escribo acerca de las tareas que quiero subrayar e impartirles a ustedes, a quienes he escogido para el servicio del Señor, de modo que estas cosas que ya han sido introducidas y fijadas en sus mentes mediante el hábito y la práctica ahora puedan ampliarse mediante la explicación e instrucción.[1]

En el caso de Ambrosio, creado y formado antes del comienzo de la debacle, cuando se le eligió para el episcopado había recibido

---

[1] *De off. min.*, 2.6.25.

una buena instrucción secular como preparación para la carrera de administración y servicio público que se proponía, y fue sólo después de su ordenación que —como ya hemos dicho— comenzó sus estudios teológicos bajo la dirección de su mentor Simpliciano. Como él mismo dice, "tuve que empezar a enseñar antes de empezar a aprender, y por ello debo aprender y enseñar al mismo tiempo".[2] Pero para Ambrosio esto no es obstáculo, sino que le lleva a la interesante observación pedagógica de que "al esforzarme por enseñar, puedo aprender".[3]

Si Ambrosio vivió en tiempos cuando la amenaza y penetración germánicas iban en aumento, Jerónimo vio aquella amenaza convertida en realidad. En el año 410 los godos, al mando de Alarico, tomaron y saquearon Roma. La noticia, al parecer increíble, le llegó a Jerónimo en su retiro en Belén, donde declaró: "¿Quién se atrevería a creer que Roma, que fue construida mediante la conquista del mundo entero, se ha derrumbado? ¿Que la madre de las naciones se ha vuelto también su tumba?"[4] "La ciudad que conquistó el mundo ha sido conquistada."[5] Pero, aun sin saberlo, el propio Jerónimo estaba abriendo camino para la vida intelectual de la Edad Media, al menos en dos direcciones.

La primera de ellas fue el uso de la vida monástica para el estudio y la erudición. Con algunas pocas excepciones, hasta entonces el propósito principal del monaquismo había sido la vida ascética. Sin descuidar esa vida ascética, Jerónimo hizo de su retiro en Belén una oportunidad para el estudio y las labores literarias y de investigación bíblica. En esa tarea, sus principales colaboradoras fueron Paula y su hija Eustoquio, quienes estudiaron las lenguas bíblicas con él, y luego colaboraron con él en la producción de la Vulgata. Luego, la vida misma de Jerónimo, Paula y Eustoquio es índice de que el monaquismo se iba volviendo medio para el estudio, lo cual sería una de sus principales contribuciones durante la Edad Media.

---

[2] *Ibid.*, 1.1.4.
[3] *Ibid.*, 1.1.3.
[4] *Comentario. sobre Ezequiel*, prefacio al libro 2.
[5] *Ep.* 127.11.

La segunda dirección en la que Jerónimo abrió camino a la cristiandad medieval fue la Vulgata, es decir, la traducción de la Biblia al latín común o del vulgo. Jerónimo era un genio literario, y ello le permitió traducir el texto sagrado a un latín que, al tiempo que reflejaba el uso común de esa lengua en su época, era elegante y pulido. Aunque al principio hubo fuerte resistencia a esta nueva traducción por parte de quienes preferían otra más antigua pero menos exacta y elegante —la *Vetus latina*— a la postre la Vulgata se impuso por su propia calidad y elegancia. Los Salmos de la Vulgata —que el propio Jerónimo había revisado y corregido varias veces— vinieron a ser los salmos que los monásticos del medioevo recitaban o cantaban en sus horas de devoción, y que buena parte del laicado también vino a conocer de memoria.

Agustín, unos diez años más joven que Jerónimo, también murió unos diez años después, cuando los invasores vándalos se encontraban en las murallas mismas de su ciudad de Hipona. Por tanto, si el saqueo de Roma en el 410 marcó la decadencia de la antigüedad clásica, el momento de la muerte de Agustín marcó también la muerte de aquella antigüedad.

Al igual que Jerónimo, Agustín le dejó al medioevo el legado doble de una vida de carácter monástico dedicada al estudio y de una enorme producción literaria mediante la cual el medioevo pudo conocer algo de la cultura y las letras de la antigüedad.

En cuanto a la vida monástica, el ideal de Agustín entre el tiempo de su conversión en Milán y su ordenación como presbítero en Hipona fue una vida tranquila de devoción y estudio junto a varios amigos de semejantes inclinaciones. Tras su conversión, y antes de su bautismo, Agustín puso esto en práctica al retirarse con esos amigos, con su madre Mónica y con su hijo Adeodato a una villa que un amigo tenía en Casicíaco. Más tarde, al regresar a su África nativa, estableció una comunidad de estudio y devoción en Tagaste. Cuando, en una de sus salidas de esa comunidad estaba de visita en Hipona, el obispo de esa ciudad, Valerio, le obligó a aceptar la ordenación como presbítero, Agustín accedió sólo si se le permitiría vivir en Hipona en una comunidad semejante a la que había fundado en Tagaste. Aquella comunidad fue el origen y la inspiración de lo que después recibió el nombre de "canónigos de

San Agustín" —entre los cuales, algo más de mil años más tarde, se contaría Martín Lutero. Luego, al igual que Jerónimo, Agustín hizo de la vida monástica ocasión para el estudio y la erudición. Pero, puesto que sus canónigos en Hipona eran quienes colaboraban con él en las labores ministeriales, esta vida de carácter monástico hacía del estudio un modo de preparación para esas labores. Luego, puede decirse que los canónigos que Agustín reunió en Hipona fueron primicias de las escuelas monásticas que pronto vendrían a ocupar un lugar importante en la educación ministerial.

En cuanto a las labores literarias, la obra de San Agustín es tan vasta que ni siquiera es posible resumirla aquí. Baste por tanto mencionar brevemente tres obras que se contaron entre las más estudiadas en el medioevo: *La ciudad de Dios*, el *Enquiridion* y *Sobre la doctrina cristiana*, para finalmente dirigir nuestra atención al tratado en el que Agustín se ocupa específicamente de la cuestión de la enseñanza y el aprendizaje, su tratado *De magistro* —*Del maestro*.

La ciudad de Dios es una extensísima defensa de la fe cristiana contra quienes decían que la caída de Roma se había debido al abandono en que los viejos dioses habían caído a causa del cristianismo. Pero es mucho más que eso, pues para refutar tales opiniones Agustín ofrece toda una filosofía de la historia. Y, aun más, al exponer esa filosofía de la historia cuenta eventos, narra antiguos mitos, hace descripciones geográficas y cita autores que hubieran sido olvidados durante toda la Edad Media de no haber sido por esta magna obra de Agustín.

El propósito del *Enquiridion* de San Agustín no está del todo claro. Lo escribió en respuesta a cierto Lorenzo, quien vivía en Roma por el año 420 —es decir, diez años después del saqueo de la ciudad por los godos. Pero no cabe duda de que este breve compendio de la fe pronto vino a ser una de las obras más leídas y estudiadas por el clero medieval, pues en ella parecía resumirse la esencia de la doctrina cristiana y sus relaciones tanto con la moral como con la razón.

Pero probablemente más influyente entre el clero común que esas dos obras fue el tratado *Sobre la doctrina cristiana*, en cuatro libros. Este era un manual relativamente breve, pero bastante

completo, y por tanto vino a ser libro de texto para muchos clérigos medievales que precisaban una breve introducción y explicación de las principales doctrinas cristianas. En el prólogo de ese
libro, Agustín indica su propósito didáctico y su esperanza de que
el libro sirva de instrucción para los instructores —podríamos
decir, de instrucción para el clero:

> Existen ciertas normas para manejar las Escrituras. Creo
> que tales normas pueden entregarse sin dificultad a los
> que se dedican a su estudio, a fin de que no sólo se apro-
> vechen ellos mismos leyendo a los que descifraron los
> secretos de las divinas Escrituras, sino que explicándolas
> aprovechen a otros.[6]

Pero Agustín es consciente de que —tanto en su tiempo como
en el nuestro— hay quien pretende tener un entendimiento especial de las Escrituras sin que alguien se lo haya enseñado:

> Los que se precian de tener un don divino y se glorian
> de entender y exponer los Libros santos sin las normas
> que ahora determino entregar... recuerden, no obstante,
> que aprendieron las letras con ayuda de los hombres...
> Cuando lee y entiende sin explicación alguna humana,
> ¿por qué procura él exponérselo a otros, y no más bien
> los remite a Dios para que asimismo ellos entiendan en-
> señándoles Dios interiormente, y no el hombre?[7]

Esta obra, aun más que el *Enquiridion* y que *La ciudad de Dios*,
vino a ser el manantial donde bebieron las generaciones posteriores, sobre todo a principios de la Edad Media. Y fue por tanto
el principal libro de texto que muchos utilizaron como manual
básico en la educación ministerial.

El tratado *De magistro* fue escrito por Agustín en el año 389,
sólo dos años después de su bautismo, y fue menos leído en el
medioevo que las otras obras que acabamos de citar. Pero en él

---

[6] Prólogo, 1.
[7] *Ibid.*, 4, 8.

Agustín expresa el modo en que entiende la enseñanza, y ese entendimiento, que aparece por doquier en sus escritos, fue el que dominó en la cristiandad occidental al menos hasta el siglo trece. El tratado mismo tiene la forma de un diálogo entre Agustín y su hijo Adeodato. En ese tratado, tras una detallada discusión de las palabras como signos, y de la relación entre el significante y lo significado, Adeodato llega a la conclusión de que:

> ...con las palabras no aprendemos sino palabras, mejor dicho, el sonido y el estrépito de ellas... Porque no aprendemos las palabras que conocemos, y no podemos confesar haber aprendido las que no conocemos, a no ser percibiendo su significado, que nos viene no por el hecho de oír las voces pronunciadas, sino por el conocimiento de las cosas que significan... Nosotros, cuando se articulan las palabras, sabemos qué significan o no lo sabemos: si lo primero, más que aprender, recordamos; si lo segundo, ni siquiera recordamos, sino que somos así como invitados a buscar ese significado.[8]

Esto a su vez quiere decir que...

> ...comprendemos la multitud de cosas que penetran en nuestra inteligencia, no consultando la voz exterior que nos habla [es decir, el maestro humano], sino consultando interiormente la verdad que reina en el espíritu... Y esta verdad que es consultada y enseña, es Cristo.[9]

De todo lo cual se llega a la conclusión de que el maestro humano no enseña verdaderamente, sino que sólo ayuda al supuesto discípulo a descubrir y reconocer lo que el Verbo de Dios ha colocado en su mente. La función del maestro se limita a ayudar al discípulo a descubrir la verdad que ya tiene, pero desconoce u olvida. Todo esto no es sino una versión cristiana de la "mayéutica" socrática, en la que la función del maestro es la de una comadrona que ayuda al alma a parir lo que ya está en ella. En esa versión

---

[8] *De mag. 11.36.*
[9] *Ibid.,* 11.38.

cristiana, esto lleva a una unión indisoluble entre la investigación y la contemplación. Se llega a conocer lo desconocido, no mediante una investigación fundamentada en la observación, sino más bien mediante una vida contemplativa y virtuosa que nos ayuda a ver más claramente al Verbo que ya está en nosotros. Luego, la función del maestro cristiano según Agustín la entiende no es tanto instruir como guiar —guiar a sus discípulos a la verdad que ya está en ellos, en virtud de la presencia del Verbo en la mente humana.

En resumen, el período que sigue inmediatamente a la conversión de Constantino, y que continuaría hasta las invasiones germánicas, aunque vio una pléyade de grandes maestros cristianos, vio también la decadencia y casi desaparición del catecumenado, que pronto se limitó a los judíos conversos y a los territorios misioneros.

Pero durante la misma época comenzó también la práctica de emplear la vida monástica como ocasión para el estudio y —particularmente en el caso de San Agustín en lo que vinieron a ser los "canónigos de San Agustín"— como medio para la preparación de líderes y pastores. Esto sería heraldo de las escuelas monásticas que pronto vinieron a ocupar un lugar central en la vida intelectual de Europa, así como en la preparación para el ministerio.

Un elemento importante de este período es que, aun sin proponérselo, pues naturalmente no sabían lo que el futuro traería, aquellos años produjeron varios autores cuyas obras vendrían a ser los manantiales fundamentales de donde el medioevo bebería las aguas teológicas de la antigüedad cristiana: la *Vulgata* de Jerónimo, el tratado *Sobre las tareas del clero* de Ambrosio y el de Agustín *Sobre la doctrina cristiana*.

Por último, cabe notar que, salvo en lugares excepcionales como los canónigos de San Agustín en Hipona y la continuación de las escuelas de Alejandría y de Antioquía, no había todavía escuelas para la preparación de ministros, sino que continuaba la práctica de elegir para cargos ministeriales a personas educadas en los sistemas seculares, y que los obispos se ocuparan, como mentores, de la preparación de sus colaboradores y posibles sucesores.

5

La romanización de los germanos

L a visión de los germanos en sus invasiones no era destruir a Roma, sino posesionarse de sus riquezas, de sus tradiciones y de sus instituciones. El resultado fue que poco a poco los conquistadores fueron adoptando la religión y buena parte de las costumbres de los conquistados. Las diversas lenguas de los invasores, además de no tener forma escrita, también diferían entre sí al punto de dificultar las comunicaciones, y por ello el latín vino a ser medio común de comunicación entre los pueblos —aun cuando pronto esa lengua de comunicación común dejó de ser la lengua materna de nadie. Por todo ello, en los reinos germánicos una burocracia latina —buena parte de ellos clérigos— se ocupaba de la administración. Puesto que esa burocracia escribía en latín y se comunicaba entre sí en esa lengua, el latín permaneció como lengua común de la cristiandad occidental, y ello a su vez les permitió a las nuevas generaciones de clérigos estudiar los escritos de la antigüedad cristiana —escritos como los ya mencionados de Ambrosio, Jerónimo y Agustín.

Por otra parte, también hay que notar que la principal de las instituciones romanas que perduró aun después de las invasiones germánicas fue la iglesia. Debido a la necesidad de leer y explicar la Palabra, quienes todavía sabían leer y tenían cierto grado de educación eran clérigos. Por ello, ahora les tocó a los clérigos, no ya sólo presidir en el culto y exponer las Escrituras, sino también enseñarles letras a las nuevas generaciones, aconsejar a los reyes y otros jefes germánicos, administrar los negocios y políticas de los reyes germánicos, y otras tareas semejantes. Pero tales tareas se reservaban para los clérigos más instruidos, al tiempo que el pastorado mismo, sobre todo en las zonas rurales y pobres, quedaba en manos de clérigos con escasa o ninguna instrucción.

Aun así, la ignorancia del clero era abismal. Si parecían educados, ello se debía al contraste entre ellos y los pueblos aguerridos y analfabetos de sus conquistadores. Para responder a esa situación, algunos eruditos cristianos escribieron libros cuyo propósito era servir de instrucción al clero. Tal fue el caso, por ejemplo, de algunos de los escritos de Magno Aurelio Casiodoro y de Isidoro de Sevilla, pero sobre todo del papa u obispo de Roma conocido como Gregorio el Grande.

Casiodoro nació alrededor del 485 —es decir, poco más de medio siglo después de la muerte de Agustín— y murió alrededor del 580. Provenía de una familia del sur de Italia que por varias generaciones se había distinguido en importantes cargos públicos. Él mismo siguió ese camino, primero al servicio del Imperio Bizantino en Ravena, y después al servicio del rey godo Teodorico —lo cual es índice del importante papel de los romanos conquistados en la administración de los nuevos reinos germánicos. Bajo el reinado de Teodorico hubo un breve despertar de las letras, y fue ese precisamente el tiempo y la circunstancia en que le tocó vivir a Casiodoro. Al tiempo que se ocupaba de labores administrativas y diplomáticas, Casiodoro se preocupaba por el triste estado de las letras en su tiempo, y estaba convencido de la necesidad de educar al clero. Con ese propósito le propuso al papa Agapito I la fundación de una escuela en Roma. Pero las vicisitudes militares y políticas de la época lo impidieron. A la postre, fundó un monasterio en Vivarium, en sus tierras ancestrales, y se retiró a él. Según él mismo describe el propósito de esa fundación, debía ser como una ciudad cuyos habitantes no tendrían que ocuparse de los quehaceres y preocupaciones de la vida cotidiana, sino que se dedicarían al culto y sobre todo al estudio y a la copia de libros. Una vez más vemos cómo, ante el declive de las letras entre el resto de la población, la vida monástica vino a ser refugio y fuente de esas letras.

Fue gracias a la obra de los monjes de Vivarium que muchos de los escritos de la antigüedad se conservaron. Pero sobre todo,

Casiodoro produjo un libro, *Instituciones de las letras divinas y seculares* —*Institutiones divinarum et saecularium litterarum*—, dirigido al clero con el propósito de mejorar su educación y estimularle al estudio. Cabe notar que en este libro Casiodoro cambia el sentido tradicional del término "artes liberales". En la antigüedad se les había dado ese nombre porque eran artes a las que solamente los libres podían dedicarse, mientras los esclavos y otros se dedicaban a las artes "serviles". Pero Casiodoro dice que "liberalis" se deriva de "liber", libro, y que por tanto se trata, no de ocupaciones de carácter superior, sino de ocupaciones relacionadas con los libros. Luego, aunque Casiodoro quería que los monjes en Vivarium tuvieran el ocio para dedicarse a las artes liberales, no quería que esto se entendiera con un sentido de superioridad, como si las artes liberales fuesen superiores a las que antes habían sido llamadas "serviles".

Como su mismo título indica, las *Instituciones* de Casiodoro tratan tanto de las "letras seculares" como de las "divinas" —es decir, tanto de los estudios clásicos como de los de Biblia y teología. Contrariamente a lo que podría esperarse, Casiodoro trata sobre los estudios teológicos en la primera parte de su obra, y de las "artes liberales" en la segunda. No cabe duda de que el propósito de Casiodoro es instruir tanto a los monjes de Vivarium como al clero. Por ello en la primera parte del libro incluye una larga bibliografía de lecturas recomendadas para el estudio de las "divinas letras". Todo parece indicar que esa bibliografía es en realidad una lista de algunos de los libros disponibles en Vivarium. Sea cual sea el caso, no cabe duda de que lo que Casiodoro se propone tanto con su obra como con su bibliografía es establecer todo un programa de estudios para líderes eclesiásticos. En ese programa, Casiodoro reafirmaba el currículo tradicional de las letras clásicas. En ese currículo, tras las primerísimas letras, en las que se aprendía a leer, escribir y cantar salmos, los estudios se dividían en dos partes principales: el *trivium* —es decir, los tres caminos fundamentales (de donde, de paso, se deriva nuestra palabra "trivial"). Este incluía tres artes o campos de conocimiento: la gramática, la astronomía y la retórica. Empero en esos tiempos estas tres artes iban dirigidas principalmente a las labores ministeriales y pastorales. Así, la gramática, además de lo que hoy entendemos por ese término, incluía una introducción a las letras clásicas y patrísticas, así como principios de interpretación de esas letras —y por tanto también de las Escrituras. La astronomía se empleaba principalmente para determinar fechas y observancias en el calendario religioso. Y la retórica, para la predicación y la enseñanza. Al *trivium* seguía el *quadrivium*, es decir, las "cuatro vías", que incluían la lógica, la aritmética, la geometría y la música. Y entonces, sobre la base de esos conocimientos, se estudiaba la "Escritura" —lo cual frecuentemente incluía la teología— así como algunos aspectos prácticos de la tarea pastoral.

Isidoro de Sevilla nació alrededor del 560 y murió en el 636. Luego, tenía unos veinte años cuando Casiodoro murió. Uno de sus contemporáneos y admiradores nos hace ver los tiempos oscuros en que le tocó vivir, y la importancia de su obra en medio de tales tiempos:

> A éste lo suscitó Dios en los tiempos que corremos después de tantas catástrofes de Hispania, creo yo, para restaurar las doctrinas y testimonios de los antiguos, y, para que no acabáramos esclerosándonos en un ambiente de ignorancia, nos lo puso como una especie de tutor.[1]

Isidoro, al igual que antes Casiodoro, intenta relacionar estrechamente la totalidad de los estudios y conocimientos. La intención clara de su obra es contribuir a la formación del clero español. Por eso su obra trata de cuanto pueda pensarse en el cielo o en la tierra, pues su visión es la de un clero instruido, no sólo en Biblia y teología, sino en todos los campos del conocimiento. Su obra es una verdadera enciclopedia de su tiempo, en la que trata no sólo "de los libros y oficios eclesiásticos" (libro vi), "de Dios, los ángeles y los fieles" (libro vii) y "de la iglesia y las sectas" (libro viii), sino también, entre otros muchos temas, de la gramática (libro i), de la retórica y la dialéctica (libro ii), de la matemática (libro iii), de la medicina (libro iv), y una enorme variedad de temas

---

[1] Braulio de Zaragoza, citado por Manuel C. Díaz y Díaz, "Introducción general" a las *Etimologías* de Isidoro de Sevilla (Madrid: B.A.C., 1982), 214.

parecidos. Esta enciclopedia isidoriana, que circuló primero en España, pronto se dio a conocer en el resto de la Europa medieval, que bebió de ella buena parte de sus conocimientos.

Empero la obra que más impacto hizo en la preparación del clero durante los primeros siglos de la Edad Media fue la *Regla pastoral* de Gregorio el Grande —obispo de Roma del 590 al 604. A diferencia de las obras ya mencionadas de Casiodoro y de Isidoro, y a semejanza de la de Ambrosio, la *Regla pastoral* de Gregorio se limita al tema de las responsabilidades del clero, y cómo ejercerlas. Al inicio mismo de su obra, Gregorio se queja de que, en contraste con ocupaciones tales como la medicina, que no se atreven a ejercer quienes no la han estudiado cuidadosamente, hay entre el clero quienes se atreven a enseñar sin haber estudiado. Así —en una queja que bien podría expresarse hoy—, declara al inicio mismo de su obra que:

> Sabido es que no hay arte alguno que pueda ser enseñado sin antes haberle aprendido tras diligente reflexión. Por tanto, con gran temeridad toman los indoctos el magisterio pastoral, siendo, como es, el régimen de las almas, el arte de las artes; porque, ¿quién no sabe que las enfermedades del alma están más encubiertas que las enfermedades de las entrañas? Y, no obstante, con frecuencia los que jamás han conocido las reglas del espíritu no temen profesar de médicos del corazón, cuando los que desconocen la virtud curativa de las plantas se avergüenzan de ser tenidos por médicos del cuerpo.[2]

Pero declara también que no basta con los conocimientos, sino que es necesaria también la práctica de la fe. Por ello —una vez más con palabras que bien podrían aplicarse hoy— afirma que:

> Hay también algunos que con hábil cuidado estudian las reglas del espíritu, pero conculcan con su vida lo que penetran con la inteligencia: enseñan de corrida lo que aprendieron, no en la práctica, sino en el sentido; y, claro,

---

[2] *Regla pastoral*, 1.1.

> lo que predican con la palabra lo contradicen con las costumbres; de donde resulta que, marchando el pastor por los despeñaderos, la grey sigue al precipicio.[3]

A esto siguen varios capítulos sobre las características que los pastores han de tener. Por ejemplo, han de cuidar sus palabras, por una parte, para no decir lo que pueda conducir al error y, por otra parte, para evitar que, a fuerza de repetición, la verdad que se desea enseñar caiga en menoscabo, "porque con frecuencia se pierde la eficacia de lo que se dice, cuando se presenta a los oyentes con imprudente e inoportuna locuacidad".[4] De igual manera, han de saber dirigir a su grey con firmeza apareada de humildad: "mantengan... en lo exterior el poder, que reciben para utilidad de otros; y en su interior guarden el temor de la propia estima".[5]

De allí pasa Gregorio a la sección más práctica y extensa de su obra, en la que da consejos acerca de cómo tratar con diversas clases de personas, a las que presenta con marcados contrastes, para que el pastor comprenda que su tarea consiste ante todo en determinar con qué clase de persona y qué clase de vicios o de virtudes se enfrenta. Esto se ve en los títulos de sus capítulos, de los cuales basta citar algunos: "De un modo se debe amonestar a los pobres y de otro a los ricos" (cap. ii); "De un modo se debe amonestar a los sabios de este mundo y de otro a los rudos" (cap. vi); "De un modo se debe amonestar a los indolentes y de otro a los pusilánimes" (cap. viii); "De un modo se debe amonestar a los parsimoniosos y de otro a los precipitados" (cap. xv); etc.

La *Regla pastoral* de Gregorio fue uno de los libros más leídos durante toda la Edad Media, pues vino a ser el principal manual de estudio para la gran mayoría del clero —manual al que muchos añadían las ya mencionadas obras de Ambrosio, Agustín, Casiodoro, Isidoro, y otros de menor importancia.

---

[3] *Ibid.*, 1.4.
[4] *Ibid.*, 2. 4.
[5] *Ibid.*, 2.6.

En resumen, uno de los modos en que la iglesia de los primeros siglos del medioevo suplió la necesidad creada por la falta de los estudios generales y seculares de que antes muchos de los clérigos se habían beneficiado —recordemos los ejemplos de Cipriano, Ambrosio y Agustín, todos ellos educados en las letras y la retórica seculares antes de llegar al pastorado— fue la producción de una serie de libros, unos de carácter teológico, como el *Enquiridion* de Agustín, otros de carácter enciclopédico, como las *Instituciones* de Casiodoro y las *Etimologías* de Isidoro, y otros de carácter práctico, como el de Ambrosio *De las tareas del clero* y la *Regla pastoral* de Gregorio. Todo parece indicar que la lectura de estos libros, así como la mentoría por parte de otros clérigos, fue el principal medio en que se educaba la mayoría del clero de los primeros siglos de la Edad Media.

Pero también hubo escuelas en las que se enseñaban las primeras letras, seguidas del *trivium* y el *quadrivium*, y en algunos casos de estudios bíblicos y teológicos. Es a ellas que tornamos ahora nuestra atención.

6

Las escuelas de principios del medioevo

L as invasiones germánicas fueron solamente una de las varias series de invasiones que conmovieron la Europa occidental durante los primeros siglos de la Edad Media. Prácticamente junto a los germanos vinieron los hunos. Luego, en el siglo séptimo, toda la costa norte de África fue invadida y conquistada por los árabes convertidos al islam. A principios del siglo siguiente (año 711) los musulmanes cruzaron el estrecho de Gibraltar, destruyeron el reino visigodo en España y cruzaron los Pirineos, hasta que por fin en el 732, en la batalla de Tours o de Poitiers, fueron detenidos por los francos bajo el mando de Carlos Martel. Esto permitió un breve renacimiento bajo los carolingios —es decir, los descendientes de Carlos Martel. Pero ese renacimiento duró poco, y una de las causas de su declive fueron las invasiones de los normandos, a las que siguieron poco después las de los eslavos y de los magiares o húngaros. Los normandos en particular saquearon y destruyeron monasterios —entre ellos varios de los más antiguos y distinguidos monasterios en Irlanda, donde se conservaba buena parte de los conocimientos de la antigüedad— y de ese modo trajeron un nuevo período de caos y oscurantismo. (Aunque resulta interesante notar que, una vez convertidos al cristianismo, los mismos normandos se dedicaron a fundar y construir monasterios con el mismo entusiasmo con que antes los habían destruido.)

En tales condiciones, la educación, tanto religiosa como secular —si cabe emplear tal distinción en un tiempo en que todo se veía desde perspectivas religiosas— tuvo lugar en dos instituciones principales y muy influyentes, las escuelas catedralicias y las monásticas.

En cuanto a las escuelas monásticas, ya hemos señalado que durante los últimos tiempos de la antigüedad, en personajes tales como Jerónimo y Agustín, la vida monástica comenzó a dedicarse al estudio. Por el año 529, San Benito de Nursia produjo su famosa *Regla*, que le daría forma a la mayor parte del monaquismo occidental hasta el día de hoy. La *Regla* decía poco acerca del estudio —y lo que decía se ocupaba principalmente del noviciado, de prepararse para la celebración de las horas de oración, y de dedicar buena parte del domingo a la lectura.[1] Pero pronto, en parte debido a la influencia de personajes tales como Agustín y Jerónimo, muchas casas monásticas —tanto de varones como de mujeres— tomaron los estudios muy en serio. En tales casas —sobre todo las de varones— se establecieron escuelas que tenían el doble propósito de educar a los niños colocados en el monasterio como "oblatos" y de educar también a los niños de la nobleza que se preparaban para carreras en la administración civil. Fue así que las escuelas monásticas vinieron a ser parte esencial del sistema educativo medieval. Puesto que los monasterios se dedicaban también a copiar manuscritos, además de su importante función como centros de estudios vinieron a ser centros de preservación y difusión de los conocimientos y las letras de la antigüedad.

Al principio, como se ve en la *Regla* benedictina, los monasterios no se consideraban centros de preparación para el ministerio ordenado —pues se esperaba que el monje, una vez hecha profesión, pasara el resto de sus días en la vida monástica. Pero poco a poco se volvieron centros de donde surgían pastores y prelados. Esto puede verse, por ejemplo, en el caso de Gregorio el Grande, a quien el Papa obligó a salir del monasterio para dedicarse al ministerio activo, y quien a la postre fue hecho papa. Algo semejante sucedió en el caso de Agustín de Canterbury y sus compañeros, a quienes Gregorio hizo salir del monasterio para enviarlos como misioneros a Inglaterra. A partir de entonces, fueron cada vez

---

[1] Véase, por ejemplo, *Regla*, 8.8 y 48.22.

más frecuentes los casos de monjes que, por decisión propia o ajena, dejaron los monasterios para dedicarse activamente a la pastoral o para ocupar otros cargos eclesiásticos.

Las escuelas monásticas que más se distinguieron a partir del siglo séptimo, y hasta el décimo primero, fueron las de Irlanda. Puesto que aquella isla se encontraba apartada del resto de Europa, no llegaron a ella las invasiones que inundaron tanto el continente europeo como la vecina Gran Bretaña. Además, la iglesia irlandesa —cuya fundación se atribuye tradicionalmente a San Patricio— desarrolló un sistema de gobierno algo diferente del que se iba imponiendo en el continente y, poco después, en Gran Bretaña. En Irlanda el poder residía principalmente en los abades de monasterios, quienes servían también como obispos y supervisores de toda la vida eclesiástica. Además, desde tiempos ancestrales, aun entre paganos, había existido en Irlanda la tradición de los bardos, cuya tarea era componer poemas en los que se narraba y celebraba su historia y enseñárselos a generaciones posteriores. Tras la conversión del país, esa tarea de conservar el pasado e interpretar el presente que antes tuvieron los bardos pasó a los monasterios. Por estas razones, los monasterios irlandeses se volvieron centros de estudio y enseñanza donde se conservaban y copiaban manuscritos de la antigüedad, donde se continuó estudiando el griego cuando este casi desapareció en el resto de Europa occidental, donde se producía nueva literatura, y a donde acudían estudiosos tanto de Gran Bretaña como del continente europeo. Aunque la mayoría de aquellos monasterios tenía unos cincuenta estudiantes, hubo varios que sobrepasaron los mil; y al menos tres de ellos llegaron a tener tres mil estudiantes. A causa tanto de la fama de las escuelas irlandesas como del desorden reinante en otros lugares, el número de estudiantes de otras regiones era tal que uno de esos estudiantes (Adelmo de Sherborne) le escribió a un amigo que tales estudiantes llegaban en "flotillas". El Venerable Beda, en su *Historia eclesiástica de la nación inglesa*, declara que en tiempos de peste y de desorden en Inglaterra muchos ingleses "abandonando su isla natal, se retiraron allá [a Irlanda] a fin de estudiar divinidades, o en busca de una vida más ordenada. Algunos se dedicaron a la vida monástica, y otros prefirieron dedicarse al estudio, yendo de la celda de un maestro a la de otro".[2]

Entre esos estudiantes de otras tierras se contaban muchos nobles —entre ellos dos reyes de Northumbia y uno de Francia. Pero el más famoso producto de esas escuelas fue el inglés Alcuino de York, sobre quien volveremos al tratar acerca de las escuelas y políticas de Carlomagno y los carolingios.

Además, los monasterios irlandeses produjeron literatura para la práctica del ministerio toda una serie de libros llamados "penitenciales". Fue en Irlanda que más rápidamente la confesión privada vino a ocupar el lugar de la antigua confesión pública, y fue también allí que primero se produjeron los manuales para los confesores que se conocen como "libros penitenciales" —o sencillamente "penitenciales". Estos son instrucciones prácticas y concretas para tratar con toda suerte de pecados, evaluándolos y determinando entonces qué penitencia ha de imponerse —ayunos, abstinencias, peregrinajes, etc. El más antiguo de los penitenciales irlandeses que se conserva es el de Finian, monje irlandés del siglo sexto. Poco más tardío, pero igualmente popular, fue el de Cumean, otro monje irlandés que parece haber escrito por el año 650. El tono práctico y pastoral de tales manuales se ve en algunos de los dictámenes de Finian:

> Si alguien ha pensado y decidido hacer algún mal, pero no ha tenido oportunidad, es el mismo pecado, pero no la misma pena. Por ejemplo, si se proponía fornicar o matar, aunque no llevó a cabo lo que se proponía, ciertamente pecó en su corazón. Pero si prontamente hace penitencia, tiene remedio. Esa penitencia será medio año en ración [aparentemente de pan y agua], y todo un año de abstinencia de vino y de carne.[3]
>
> Pero si un clérigo cae miserablemente en fornicación perderá su lugar de honor. Si esto sucede una sola vez y queda oculto a los humanos pero conocido ante Dios, hará penitencia durante un año a ración de pan y agua, y por dos años se abstendrá de vino y de carne.[4]

---

[2] *Historia eclesiástica de la nación inglesa*, 3.27.
[3] *Paen.*, 3.
[4] *Ibid.*, 10.

Si un clérigo comete homicidio... partirá al exilio por espacio de diez años y hará penitencia en otro lugar por espacio de siete... Tras completar esos años, si el testimonio del abad y del sacerdote a quien estaba encomendado es que ha hecho bien, se le recibirá de nuevo en su patria. Entonces hará satisfacción para los amigos del difunto, y si los padres de este todavía viven... les dirá: "haré lo que ustedes manden, en lugar de su hijo."[5]

Estos libros penitenciales circularon ampliamente por el resto de Europa, donde servían de manuales a los confesores. Luego, las escuelas monásticas —sobre todo las de Irlanda— no sólo preservaron los conocimientos de la antigüedad, sino que también les proveyeron a los pastores guías concretas para la práctica de su pastorado.

En cuanto a las escuelas catedralicias, ya hemos visto que, al menos desde tiempos de Cipriano en el siglo tercero, y probablemente desde mucho antes, hubo obispos que establecieron programas de educación y de exámenes para candidatos a órdenes clericales; y que algo parecido hizo Agustín en Hipona a fines del siglo cuarto. Tales prácticas llevaron a la creación de escuelas catedralicias —es decir, escuelas anejas a las catedrales— que se ocupaban de la preparación tanto de clérigos como de futuros funcionarios civiles. Dados los prejuicios de la época, todos los estudiantes eran varones, pues a las mujeres les estaba vedada la entrada tanto a la carrera clerical como a la civil. Por otra parte, los pueblos germánicos —particularmente los normandos— introdujeron el principio de primogenitura, según el cual el hijo mayor era el único heredero de su padre, frecuentemente dejándoles poco o nada a los menores. Por ello, un número creciente de los estudiantes en las escuelas catedralicias —y en los monasterios— eran hijos menores de la baja nobleza cuyos hermanos mayores heredarían la tierra y los títulos nobiliarios, dejándoles a

---

[5] *Ibid.*, 23. De paso, cabe señalar que esta pena de exilio por homicidio fue una de las razones por las que algunos monjes irlandeses —entre ellos el famoso Columba, fundador de la comunidad de Iona— fueron misioneros tanto en la Gran Bretaña como en el continente europeo.

ellos tres posibles caminos: la vida militar, en la que difícilmente llegarían a ocupar los altos cargos reservados para sus hermanos mayores, la carrera sacerdotal y la administración civil.

Las escuelas catedralicias fueron surgiendo en diversas regiones, sin que al parecer hubiera un esfuerzo coordinado. Sabemos que las había ya en España a principios del siglo sexto, pues se les menciona en las actas del Segundo Concilio de Toledo, en el 527. Pronto las hubo por toda Galia e Inglaterra. Como hemos dicho, por los mismos años Casiodoro tenía planes de establecer una escuela de esta índole en Roma, pero no pudo llevarlos a cabo. En todo caso, pronto el principio mismo de las escuelas catedralicias se extendió más allá de las catedrales y las ciudades en que estaban situadas a algunas parroquias rurales, donde hubo entonces escuelas parroquiales. Encontramos instrucciones acerca de tales escuelas rurales, por ejemplo, en el Tercer Concilio de Vaison en Francia, reunido en el 529. Aunque no se sabe exactamente lo que se enseñaba en estas escuelas rurales, lo más probable es que se haya limitado a las primeras letras y las doctrinas centrales de la fe. También hay indicios de que algunos alumnos pasaban de tales escuelas rurales a las monásticas y las catedralicias.[6]

La destrucción del reino visigodo de España por los musulmanes en el 711 llevó a la desaparición de muchas de las escuelas en la Península, tanto catedralicias como monásticas. En el resto del continente europeo, así como en Gran Bretaña, hubo un declive semejante, aunque no tan marcado. En medio de esa oscuridad, cabe recalcar la obra de Hilda, abadesa de Whitby, quien estableció en su convento dos escuelas, una para varones y otra para niñas, con el propósito de que tanto los clérigos como las monjas tuvieran una excelente educación tanto en cuestiones religiosas como en la gramática y literatura latinas. Pero poco después, bajo el régimen de los carolingios —sobre todo de Carlomagno—, hubo un breve renacer de las letras y los estudios en lo que hoy son Francia y Alemania. Carlomagno se propuso estimular los estudios en todo su reino. Con ese propósito tomó varias medidas. Entre

---

[6] Por ejemplo, en tiempos de los carolingios, en su *Primera capitular* (19) el obispo Teodulfo de Orleans invitó a los sacerdotes a enviar a sus parientes a tales escuelas.

ellas, hizo venir de Inglaterra a Alcuino de York, monje inglés que había hecho estudios en los monasterios de Irlanda y a quien Carlomagno encargó la fundación de una Escuela Palatina —es decir, escuela del palacio— donde él mismo estudió, así como su esposa, sus hijos y su hija, además de varios otros personajes importantes en la vida de palacio y en la administración del reino.

Parte del proyecto de Carlomagno y Alcuino era producir copias tanto de las Escrituras como de otras obras de la antigüedad para distribuirlas entre escuelas y monasterios. Se cuenta que, sobrecogido por la inmensidad de la tarea, y entusiasmado por lo que había leído y aprendido de Agustín y Jerónimo, Carlomagno se quejó de no tener una docena de hombres tales —a lo que Alcuino respondió: "El Creador de cielos y tierra no tiene sino dos de ellos. ¡Y tú pides doce!"

El interés de Carlomagno en la educación —sobre todo la educación del clero y de un núcleo de administradores al servicio del estado— se manifiesta en varios documentos de la época, así como en las decisiones y edictos de varios cuerpos eclesiásticos. Ejemplo de esto último es la recomendación de un concilio reunido en Fráncfort en el 794, que cada obispo tomara medidas para la educación de su clero. En el año 789 Carlomagno proclamó una *Admonición general* cuyos ochenta y dos artículos incluían todo un programa para la reforma del clero. Unos años antes, Carlomagno le había pedido al papa Adriano I que le enviara una colección de cánones con ese propósito, y ahora la *Admonición* tomaba la respuesta papal, la ampliaba y le añadía varios puntos, y la hacía circular por todo el reino franco. Poco después, Carlomagno publicó una *Epístola del cultivo de las letras* que lleva el sello de los intereses y el estilo de Alcuino —y que algunos piensan que fue escrita por Alcuino. Estos documentos establecían una política educativa general para todos los territorios bajo el gobierno de Carlomagno. El énfasis recaía en la preparación del clero —y en esa preparación, en los estudios bíblicos. Siguiendo el patrón ya establecido, Alcuino y Carlomagno proponían un programa de estudios que, tras el *trivium* y el *quadrivium*, pasara a los estudios bíblicos y doctrinales. Gracias al apoyo de Carlomagno, y a la relativa paz que imperaba al menos en el centro de su reino, las reformas educativas propuestas por el Rey y sus consejeros tuvieron gran efecto, pues pronto hubo más de treinta grandes escuelas catedralicias y monásticas, además de otras cuarenta de menor fama, así como incontables escuelas parroquiales.

Como era de esperarse, estos estudios llevaron a discusiones teológicas y debates que no es necesario discutir aquí, pues ya lo he hecho con más detenimiento en otro lugar.[7] Pero sí es necesario mencionar a Rábano Mauro (776-856), discípulo de Alcuino y autor del manual *De clericorum institutione* —*De la institución de los clérigos*— que es parte de la larga lista que vamos viendo de libros escritos para la instrucción del clero y de otros líderes en la iglesia. Esta obra va de lo práctico a lo teórico, pues los dos primeros de sus tres libros se dedican a temas tales como la iglesia, las órdenes ministeriales, vestimentas, sacramentos y liturgia, mientras que es en el tercero que Rábano Mauro se torna tanto hacia la educación fundamental (las llamadas "artes liberales") como hacia la instrucción teológica. Como muchos otros libros de semejante índole, la obra de Rábano Mauro toma mucho de las *Instituciones* de Casiodoro y del tratado *De la doctrina cristiana* de San Agustín. En todo caso, el libro hizo tal impacto que le ganó a Rábano Mauro el título de *Praeceptor Germaniae* —*Maestro de Alemania*.

El renacimiento carolingio fue breve, pues pronto el reino se dividió entre varios herederos, al tiempo que los crecientes saqueos e invasiones de los normandos sembraban el caos. En tiempos de Carlos el Calvo (quien reinó del 840 al 877) hubo un breve remanso de paz y prosperidad, y el Rey pudo continuar algunas de las políticas de Carlomagno. Pero pronto el caos volvió a reinar, y el medioevo se encontró en un nuevo período de oscuridad.

Durante ese período de oscuridad, sin embargo, algunas de las escuelas monásticas y catedralicias continuaron funcionando, y serían ellas las que conservarían los conocimientos e ideas de la antigüedad tanto cristiana como grecorromana hasta que hubiera mejores condiciones para el estudio, la investigación y la enseñanza.

---

[7] *Historia del pensamiento cristiano*, edición revisada (Barcelona: CLIE, 2010), 397-424.

En resumen, tras las primeras invasiones germánicas comenzó un período de caos y oscurantismo durante el cual las escuelas catedralicias y monásticas vinieron a ocupar un papel esencial en la preservación y difusión de las letras. Aunque bajo Carlomagno y algunos de sus sucesores hubo remansos de relativa calma y orden, el caos y el oscurantismo perduraron hasta fines del siglo once. Durante ese tiempo, aunque hubo muchos pastores que se educaron en las escuelas catedralicias y monásticas, la inmensa mayoría de los sacerdotes no tenía tal educación, y no había programa alguno para procurársela.

7
Orígenes del escolasticismo

Por una serie de razones, varias de ellas relacionadas con las cruzadas y con el contacto con los musulmanes, la Europa occidental del siglo doce experimentó un renacer tanto económico como intelectual. A pesar de toda la hostilidad creada, las cruzadas fomentaron el contacto y el comercio entre la cristiandad occidental y el mundo musulmán. Esa expansión del comercio trajo a su vez el crecimiento de las ciudades y el retorno de la economía monetaria —pues en los tiempos más oscuros buena parte de la economía se había limitado a sistemas de trueque. Como parte de ese renacer hubo también un despertar en las letras y en el estudio. Dentro de ese despertar, debemos mencionar cuatro pensadores y autores cuyas obras sirvieron de fundamento para la gran empresa teológica que floreció a partir del siglo trece, y que recibe el nombre de "escolasticismo". Estos cuatro pensadores son Anselmo, Abelardo, Hugo de San Víctor y Pedro Lombardo.

Anselmo, oriundo de Italia, luego prior del convento de Bec en Normandía —uno de los grandes monasterios fundados por los normandos— y por último arzobispo de Canterbury, es conocido hoy principalmente por su famoso "argumento ontológico" para probar la existencia de Dios y por su tratado *¿Por qué el Dios humano?*, en el que expone la teoría de la obra de Jesucristo como pago por los pecados. Pero al menos tan importante como esas obras es el modo en que Anselmo entiende la labor teológica, pues esa sería la perspectiva de los mejores teólogos escolásticos. Anselmo no hace teología con el propósito de sistematizar las verdades teológicas, ni de descubrir los secretos de Dios, ni siquiera de darles dirección a otras personas, sino que lo hace como un modo de experimentar y expresar su amor hacia Dios y sus verdades. Así, dice en su *Proslogio*:

> No intento, Señor, penetrar tu profundidad, porque de ninguna manera pueda comparar con ella mi entendimiento; pero deseo comprender tu verdad, aunque sea imperfectamente, esa verdad que mi corazón cree y ama. Porque no busco comprender para creer, sino que creo para llegar a comprender. Creo, en efecto, porque, si no creyere, no llegaría a comprender.[1]

Esto puede verse tanto en sus dos obras en las que expone argumentos para probar la existencia de Dios —el *Monologio* y el *Proslogio*— como en el tratado acerca de la razón de la encarnación —*¿Por qué el Dios humano?* Anselmo no tiene duda alguna de la existencia de Dios —lo que es más, su escrito se presenta como una oración a Dios. Ni tiene duda alguna de que Jesucristo haya muerto por sus pecados. Tampoco se interesa en producir argumentos que puedan convencer a los incrédulos. Su propósito es sencillamente comprender mejor lo que ya cree, y lo hace por razón de su amor a Dios y al evangelio.

Muy diferente era la actitud de Pedro Abelardo —comúnmente conocido sencillamente como "Abelardo". Su breve autobiografía, *Historia calamitatum —Historia de las calamidades—* nos lo muestra como persona de una inteligencia inusitada, pero también con una necesidad casi enferma de dar pruebas de esa inteligencia. El resultado fue que uno por uno Abelardo se enemistó con todos sus maestros —y, cuando por fin llegó a enseñar en la catedral de París, sus amoríos con Eloísa aumentaron la tragedia de su vida. La obra más notable de Abelardo es su libro *Sic et non —Sí y no—* en el que plantea ciento cincuenta y ocho cuestiones teológicas en las que las autoridades —es decir, las Escrituras y los "Padres" de la iglesia— parecen contradecirse. Al parecer, el propósito de Abelardo no era restarles autoridad a tales autoridades, sino sencillamente dar muestra de sus amplios conocimientos y

---

[1] *Proslogion*, 1.

señalar que las cosas no eran tan sencillas como pudiera pensarse. Pero la obra no fue bien recibida y —junto a otros de sus escritos— le ganó a Abelardo más enemigos —entre ellos el influyente San Bernardo de Claraval. Empero, como veremos más adelante, el *Sic et non* marcó la pauta para el método escolástico.

Hugo de San Víctor fue el más famoso entre los teólogos de la "escuela de San Víctor". Por el año 1110 se fundó en las afueras de París —en la ribera occidental del Sena— la Abadía de San Víctor, que seguía la regla de los canónigos de San Agustín. Pronto, una serie de pensadores distinguidos le dieron fama internacional a la escuela de esa abadía —pensadores tales como Guillermo de Champeaux (1068-1121), Hugo de San Víctor (c. 1085-1141) y Ricardo de San Víctor (quien murió en el 1173).

Hugo se unió a la abadía de San Víctor en el 1015, cuando tendría unos treinta años, y dieciocho años más tarde quedó a cargo del programa de estudios y enseñanza de la abadía. Estaba convencido de que todo conocimiento viene de Dios, y que por tanto todo conocimiento conduce a Dios. Siguiendo la tradición agustiniana que dominó todos los primeros siglos del medioevo, Hugo veía toda la creación como señal o símbolo que apunta hacia el creador. Al discutir el conjunto del conocimiento humano, coloca la filosofía por encima de las artes liberales, y la teología por encima de la filosofía. La filosofía abarca todos aquellos conocimientos que la razón puede alcanzar —los que él llama conocimientos "según la razón"— mientras que los conocimientos teológicos provienen de la revelación, y son por tanto conocimientos "por encima de la razón" —*supra rationem*. Pero el que estén por encima de la razón no quiere decir que la contradigan. Esa distinción y escalafón entre la filosofía y la teología pronto halló forma en el currículo mismo de las universidades. Y la distinción entre verdades de razón y verdades por encima de la razón fue el fundamento de la obra de teólogos tales como Santo Tomás de Aquino y otros entre los grandes escolásticos.

La importancia de la obra de Hugo estuvo en el modo en que, al combinar sus tendencias místicas y contemplativas con la razón —lo que entonces se llamaba la "dialéctica"— contrarrestó la mala opinión que muchos tenían del uso de la dialéctica en la teología, debido en parte a la obra de Abelardo. Al tiempo que critica los "errores" de Abelardo, Hugo le cita repetidamente con respeto y admiración, y ello a su vez le hizo posible al *Sic et non* de Abelardo darle forma al método escolástico.

Además, dado el tema que nos ocupa, vale la pena citar lo que Hugo dice acerca del estudio y su propósito:

> Por tanto te ruego, lector, que no te regocijes demasiado por haber leído mucho, si no has entendido mucho. Ni de haber entendido mucho, si no has podido retener mucho. Porque de no ser así, de poco te vale leer o entender.[2]

Empero el más influyente entre todos los precursores del escolasticismo fue Pedro Lombardo, así llamado por ser natural de Lombardía, y quien llegó a ser, primero, maestro de la escuela catedralicia de París, y luego obispo de esa ciudad. Su obra maestra, *Cuatro libros de sentencias*, era toda una teología sistemática en la que se discutía (libro i) Dios y la Trinidad, (libro ii) la creación y el pecado, (libro iii) la encarnación y la vida ética y (libro iv) los sacramentos y la escatología.

Al igual que Anselmo, Pedro Lombardo escribe dentro del contexto de una profunda devoción. Por ello declara que "la verdad de quien nos la da [Dios] nos deleita; pero la inmensidad de la labor nos asusta. El deseo de avanzar nos exhorta; pero la debilidad del fracaso nos desalienta. Empero el celo por la casa del Señor se sobrepone a esa debilidad."[3]

Por otra parte, Pedro Lombardo está consciente del peligro de la curiosidad ociosa, y sobre todo del peligro de quienes solamente buscan decir algo nuevo —actitud que empezaba a asomar en las escuelas, y de la que muchos acusaban a Abelardo. Con fuertes palabras, Pedro Lombardo critica a...

> ...quienes no sujetan la voluntad a la razón, ni dedican el estudio a la doctrina, sino que más bien se esfuerzan en adaptar las palabras de sabiduría a las cosas que se

---

[2] *Didascalicon*, 7.
[3] *Sent.*, 1. *Proemium*.

imaginan. Los tales no buscan una razón que les lleve a
la verdad, sino al placer. Su inicua voluntad no les llama
hacia la comprensión de la verdad, sino a la defensa de lo
que les place. No desean que se les enseñe la verdad, sino
que se convierten de la verdad a las fábulas. Su profesión
no es indagar lo que ha de enseñarse, sino el placer, no
desear la doctrina, sino adaptar la doctrina al deseo... en
sus palabras hay un sonido de piedad, pero de una piedad
que ha perdido su conciencia. Y hacen de esa piedad
simulada una piedad impía mediante la mentira de sus
palabras. Se las arreglan para corromper la santidad de la
fe con la enseñanza de falsa doctrina, y para estimular en
otros un escozor de escuchar el dogma nuevo que resulta
de sus propios deseos.[4]

En respuesta a esto, Pedro Lombardo declara que su propósito es exaltar la luz colocándola sobre el candelabro, y que por
ello "con mucho trabajo y sudor", pero con la ayuda de Dios, ha
compilado sus cuatro libros. Esa palabra, "compilar", es índice
de lo que Pedro Lombardo se propone. No se trata de una vasta
suma, ni de mostrar la capacidad de innovación del autor, sino
que se trata de una breve compilación de "las sentencias de los
padres en un sólo volumen" que sirva el lector de tal modo que
"no sea ya necesario abrir numerosos libros... sino que se ofrez-
ca lo que se busca sin [un exceso de] trabajo."[5] Por último, Pedro
Lombardo se muestra dispuesto a escuchar "correctores", pero
declara que espera que su libro produzca más "descubridores"
que "correctores".

Esta última petición no se cumplió de inmediato. Puesto que
la "compilación" de Pedro Lombardo iba mucho más allá de las
meras citas bíblicas y de los "padres", e incluía buen número
de comentarios, el libro tuvo numerosos críticos y detractores.
Algunos hasta llegaron a declararlo herético. Por fin, en el año
1215 —cincuenta y cinco años después de la muerte de Pedro
Lombardo— el Cuarto Concilio del Laterano lo reivindicó, no

---

[4] *Ibid.*
[5] *Ibid.*

sólo declarándolo ortodoxo, sino también adoptando sus posturas en varios puntos —entre ellos, la lista de los siete sacramentos, que el concilio tomó de las *Sentencias*. Este concilio hizo poco más que refrendar una multitud de políticas, doctrinas y decretos preparados por Inocencio III, el más poderoso papa de toda la historia, y por tanto bien puede decirse que fue Inocencio quien reivindicó y recomendó la obra de Pedro Lombardo. A partir de entonces, las *Sentencias* de Pedro Lombardo vinieron a ser el principal libro de texto en los estudios teológicos universitarios. Como veremos más adelante, el currículo teológico de la Universidad de París —y pronto el de otras universidades, como Oxford y Salamanca— estipulaba que todo candidato a la licencia para enseñar debía pasar un tiempo como "bachiller sentenciario", comentando las *Sentencias* de Pedro Lombardo.

En resumen, hacia fines del siglo once y durante todo el doce hubo un despertar económico e intelectual en Europa occidental. La creciente economía monetaria iba sobreponiéndose a la de trueque que había predominado por siglos. Esto era a la vez causa y consecuencia de una red de comunicaciones y de intercambio de bienes y de mercancía cada vez más vastos. Esto trajo consigo el crecimiento de las ciudades, y por tanto de las escuelas catedralicias, es decir, de las escuelas anejas a las catedrales. Poco a poco las escuelas catedralicias fueron sobrepasando a las monásticas, que frecuentemente se encontraban en zonas rurales. Pronto, como veremos más adelante, esa concentración de los estudios en las ciudades llevaría a la fundación de las primeras universidades.

Como parte de ese despertar de fines del siglo once y de todo el doce, surgieron varios pensadores que serían precursores del escolasticismo del siglo trece. Entre ellos se destacan Anselmo, Hugo de San Víctor, Abelardo y Pedro Lombardo. Aunque todos estos eran muy diferentes entre sí, todos ellos contribuyeron de una manera u otra al despertar de la teología y de los estudios que tendría lugar en el siglo trece.

Pero, aunque todos ellos fueron maestros de una manera u otra, y aunque buen número de sus discípulos fueron pastores, su propósito primordial no era preparar candidatos al ministerio pastoral, sino indagar acerca de la verdad —como diría Anselmo, "de esa verdad que cree y ama el corazón mío". Y esto sería también característica de las grandes universidades donde el escolasticismo floreció, cuyo propósito no era la preparación ministerial, sino la indagación filosófica y contemplativa.

8

Las universidades
y la escolástica

El despertar intelectual del siglo doce llevó a la creación de grandes conglomerados de estudiantes y profesores que a la postre recibirían el nombre de "universidades". Las universidades fueron herederas y continuadoras de las tradiciones creadas por las escuelas, tanto monásticas como catedralicias. Esto se ve claramente en la historia de la más famosa de las universidades —sobre todo en lo que a teología se refiere—, la de París. Parte de lo que atraía a muchos a la Abadía de San Víctor era el modo en que unía el uso de la razón con la contemplación mística —unión que también sería el ideal, raras veces logrado, de las facultades de teología en la Universidad París y otras. Por ello, acudían a San Víctor muchos que buscaban estudios teológicos, no tanto para servir como ministros o pastores, sino más bien para su propio desarrollo espiritual e intelectual.

La historia misma, primero de la Abadía de San Víctor y luego de la Universidad de París, es índice del origen dual de las universidades, surgidas tanto de las escuelas monásticas como de las catedralicias. Guillermo de Champeaux había sido docente en la escuela catedralicia de Notre Dame, en París. Allí chocó con el famoso erudito Abelardo, quien gustaba de mostrar sus excepcionales dotes intelectuales a expensas de otros profesores. Derrotado, o al menos decepcionado, Guillermo abandonó la escuela catedralicia y fue a establecerse en San Víctor, donde su escuela llegó a ser rival de la de la catedral. Dada la fama de aquella escuela, así como de otros maestros, en unas pocas generaciones había más estudiantes en la ribera occidental que en Notre Dame

—aun cuando aquella escuela catedralicia continuaba creciendo. En la ribera occidental, alrededor del año 1160, los maestros comenzaron a organizarse como un gremio cuyo propósito era asegurarse de la calidad de los estudios y certificar esos estudios con cierta medida de uniformidad. Puesto que la palabra *universitas* se utilizaba para describir lo que hoy llamamos un gremio, aquel consorcio de profesores dio en llamarse "universidad". Pero tradicionalmente era el canciller de la escuela catedralicia de Notre Dame quien tenía autoridad para certificar estudios y conceder licencias de enseñanza, y por ello pronto se produjeron serios conflictos entre la escuela catedralicia y el nuevo gremio o "universidad" que iba surgiendo. Por fin, en el año 1211 el papa Inocencio III le dio su reconocimiento a la Universidad de París, y pronto los conflictos amainaron, de modo que paulatinamente la universidad y la antigua escuela catedralicia vinieron a ser una.

Tras la Universidad de París se fueron fundando otras. La de Bolonia se especializó en el estudio de las leyes, y la de Salerno en la medicina; pero las de París, Oxford y Salamanca, entre muchas otras, se dedicaron especialmente a los estudios filosóficos y teológicos.

Uno de los principales métodos de enseñanza en las universidades medievales era la *lectio* —lección o conferencia— en la que el profesor comentaba sobre un texto ordenadamente —algunas veces palabra por palabra, pero siempre siguiendo el orden del libro comentado. Al parecer, al principio lo más común eran las conferencias o lecciones sobre libros de la Biblia. Pero pronto se impuso también la costumbre de comentar sobre los cuatro libros de *Sentencias* de Pedro Lombardo. Se suponía que cada estudiante trajese a clase un ejemplar del texto que se comentaba; pero el alto costo de los libros hacía que muchos tomaran prestadas o alquilaran hojas del libro que se iba a comentar, e hicieran sus propias copias. El comentario del profesor consistía en una serie de preguntas que se le planteaban al texto, y a las que el profesor respondía siguiendo el método escolástico que se describe más abajo, que se perfeccionó en las *disputationes*.

Otro método universalmente empleado era el de la "disputa" o debate —*disputatio*— que apareció primero en la Facultad de Teología de París y rápidamente se extendió tanto a otras disciplinas como a otras universidades. Había dos clases de *disputatio*: la *disputatio ordinaria* y la *disputatio de quodlibet*. La *disputatio ordinaria* tenía lugar con relativamente frecuencia —a veces semanalmente— y era mucho menos académicamente exigente que la *de quodlibet*. Normalmente, la *disputatio ordinaria*, puesto que tenía lugar con cierta regularidad, seguía un tema o texto propuesto, que se iba discutiendo y aclarando en cada *disputatio* sucesiva.

En este ejercicio, el profesor planteaba una tesis o pregunta a discutir. Un estudiante o grupo de estudiantes avanzados —el "oponente" u "oponentes"— proponía una serie de argumentos aparentemente contradictorios, pues unos parecían apoyar una respuesta y otros la respuesta contraria. Tales argumentos se basaban normalmente en citas de textos a los que se confería autoridad —es decir, de la Biblia, de los «Padres» de la iglesia, o de los filósofos de la antigüedad clásica— o en principios lógicos reconocidos. Le correspondía entonces a otro estudiante avanzado —el "respondiente"— ofrecer una respuesta basada en los argumentos propuestos de un lado, y que debía incluir una explicación de por qué los textos citados del lado contrario no contradecían la respuesta que el estudiante ofrecía. Por último el profesor, en otra sesión de clase, ofrecía una respuesta más cuidadosa y detallada, a la que se daba el nombre de "determinación" —*determinatio*.

La *disputatio de quodlibet* era un ejercicio menos formal en su estructura, pero mucho más difícil y por tanto de mayor importancia en la vida universitaria. Por esa razón, se celebraba solamente una o dos veces al año —en adviento y en cuaresma— y siempre bajo la dirección de un "profesor regente" —es decir, de un doctor. Su nombre mismo quería decir que había mucha más libertad en la selección del tema. A diferencia de la *disputatio ordinaria*, que tenía lugar en el salón de clases y solamente ante los estudiantes, la *de quodlibet* era un ejercicio abierto al público. En ella tanto otros estudiantes y maestros como el público en general podían plantear cuestiones y ofrecer argumentos y dificultades. Puesto que frecuentemente había rivalidades entre los profesores, no era raro el caso en que algún profesor utilizaba la oportunidad para poner en ridículo a sus rivales. Y, puesto que el tema era mucho más flexible, el profesor no podía tener respuestas preparadas de antemano. Una vez planteados los argumentos en pro y en contra de una respuesta, el maestro tenía de uno a varios días para preparar su *determinatio*, la cual debía responder a todas las objeciones y argumentos en contra.

Este proceso de plantear una tesis o pregunta, luego ofrecer argumentos y autoridades aparentemente contradictorios, ofrecer una respuesta y, como parte de esa respuesta, mostrar por qué las autoridades aparentemente contrarias no contradicen lo determinado por el profesor, ha recibido el nombre de "método escolástico" o de "escolasticismo". En todo esto se puede ver claramente la influencia de Abelardo y de su *Sic et non*, con sus citas de autoridades aparentemente contradictorias. Pero también puede verse el interés de Hugo de San Víctor y de Pedro Lombardo, que el conflicto entre tales autoridades aparentemente contradictorias se resuelva de tal modo que no resulte en desmedro de esas autoridades.

El currículo universitario comenzaba con tres o cuatro años en los que se estudiaban las siete artes liberales —es decir, el *trivium* y el *quadrivium*. A esto seguía una rigurosa serie de exámenes orales y públicos sobre esas artes. Tras pasar esos exámenes, el estudiante recibía el título de "bachiller". Aunque la práctica variaba de universidad en universidad, quien se dedicaba al estudio de la teología pasaba al grado de "bachiller bíblico", y por dos años se dedicaba a dar conferencias sobre la Biblia. Originalmente, se le dedicaba el primer año a la exposición de un libro del Antiguo Testamento y el segundo año a uno del Nuevo, pero paulatinamente esa costumbre fue variando, de modo que algunos bachilleres bíblicos dictaban conferencias sobre varios libros. Una vez completado ese requisito a satisfacción del claustro docente, el bachiller bíblico pasaba a "bachiller sentenciario", cuyo principal ejercicio académico consistía en comentar detalladamente sobre los cuatro libros de *Sentencias* de Pedro Lombardo. En tales comentarios —que normalmente seguían el método escolástico de las *quaestiones disputatae*, con sus argumentos en pro y en contra de una respuesta, la *determinatio* por parte del bachiller sentenciario, y la solución de las objeciones— el futuro maestro no podía emplear las obras de otros maestros o comentaristas, sino que tenía que producir su propio material sobre la base, no sólo de las *Sentencias*, sino también de la Biblia, de los «Padres», de los filósofos clásicos y de la lógica. De ese modo se esperaba que, en el curso de unos dos años, el bachiller sentenciario desarrollara su propio pensamiento. Tras completar satisfactoriamente esos dos años de comentarios sobre las sentencias, el estudiante recibía el título de "bachiller formado". Como tal, podía dictar cursos y predicar en la universidad, tarea que cumplía bajo la supervisión de un maestro con licencia y a la que debía dedicar varios años —años cuyo número fue aumentando con el tiempo, hasta llegar a requerirse un mínimo de cinco. Además, durante ese período el bachiller formado tenía que participar como "respondiente" en por lo menos una *quaestio disputata de quodlibet*. Puesto que en ese ejercicio el respondiente —a diferencia del profesor titular— tenía que poder responder a lo que surgiera tanto de sus profesores y compañeros como del público presente, lo que se medía en él era, además de su conocimiento, su capacidad de responder con buen fundamento bíblico y teológico a cualquier pregunta que pudiera surgir. Por fin, tras ese proceso y un examen de su vida moral y de su dedicación al estudio, el bachiller formado recibía el título de "maestro" o "doctor", el cual le daba licencia para presidir independientemente sobre *quaestiones disputatae* —tanto ordinarias como *de quodlibet*— así como para dar conferencias y predicar en el seno de la universidad. Dado todo ese proceso, frecuentemente quienes alcanzaban el título de "doctor" lo hacían a los cuarenta años de edad.

Como es de suponerse, aunque los profesores eran clérigos, y la mayoría de sus estudiantes tenían órdenes eclesiásticas —pues uno de los modos de costear los estudios era gozar de una prebenda eclesiástica en la que el estudiante recibía los beneficios del cargo, mientras otro se hacía cargo de sus responsabilidades pastorales—, la proporción de pastores parroquiales que hacía tales estudios era mínima. Luego, aunque las universidades, sus grandes maestros y su producción literaria y teológica ocupan hoy el centro de la atención de los historiadores, lo cierto es que las antiguas escuelas monásticas, diocesanas y parroquiales siguieron siendo el lugar donde se formaba teológicamente la inmensa mayoría de los pastores. Mientras más se complicaban y prolongaban los estudios universitarios, mayor era el número de clérigos que prescindían de ellos.

Esto le dio origen a una situación paralela a las que han aparecido otras veces en tiempos más recientes: Los estudios universitarios se especializaban cada vez más, pero al mismo tiempo se distanciaban de la vida parroquial y de los intereses de quienes practicaban el pastorado activamente. Esto no quiere decir que los profesores y estudiantes universitarios no fueran personas religiosas. Al contrario, la mayoría de ellos parece haberse dedicado a los estudios teológicos por razón de un firme compromiso con la fe cristiana y de un profundo convencimiento de que tales estudios les ayudarían a profundizar y crecer en esa fe. De los dos grandes maestros de la Universidad de París en el siglo trece, Buenaventura y Tomás de Aquino —sobre quienes volveremos más adelante—, se cuentan dos incidentes que son claro indicio de ello. De Buenaventura, a quien se llamaba "el Doctor Seráfico", se dice —posiblemente sin veracidad histórica, pero ciertamente como reflejo de su actitud según la conocemos por sus escritos— que cuando Tomás, el "Doctor Angélico", le pidió que le mostrara la biblioteca de donde adquiría sus amplios conocimientos, Buenaventura le respondió mostrándole un crucifijo. Y de Tomás es importante decir que, tras haber escrito las obras que han garantizado su fama hasta el día de hoy, tuvo una experiencia mística, y declaró que al comparar todo lo que había escrito con lo que había visto, lo consideraba como paja, y a partir de entonces escribió poco.

Pero cabe también señalar que tanto Buenaventura como Tomás de Aquino traían a la Universidad una espiritualidad renovada gracias al impacto de las órdenes mendicantes —de los franciscanos en Buenaventura, y de los dominicos en Tomás. Detengámonos por tanto, siquiera brevemente, para ver algo del origen de esas órdenes y de su impacto en la visión que se tenía del ministerio ordenado.

Ambas órdenes nacieron en el siglo trece, y ambas debieron su enorme éxito y atractivo al hecho de que constituían una respuesta novedosa y pertinente a las nuevas situaciones de ese siglo. Su énfasis en la pobreza —particularmente fuerte en San Francisco, y algo menos en Santo Domingo— puede verse como una reacción ante la capacidad de despersonalizar de la economía monetaria en contraste con la anterior economía de trueque. Pero el éxito de ambas órdenes se debió en parte a que constituían una respuesta a los retos demográficos de la época. Dado el rápido crecimiento de las ciudades, el antiguo sistema parroquial se veía imposibilitado de responder a las necesidades espirituales de todos los creyentes. Luego, las órdenes mendicantes, con su mayor flexibilidad geográfica, ayudaron a la iglesia a proveerles servicios ministeriales a las masas que se iban acumulando en las ciudades. Pero el éxito de aquellas órdenes se debió sobre todo al modo en que combinaban la devoción con la acción, y la pobreza con el servicio a los pobres. Su llegada a las universidades alivió en algo la tendencia de esas instituciones a apartarse de la vida actual de la iglesia. Desde un principio, los dominicos se habían interesado en los estudios, pues Santo Domingo fundó su orden principalmente para rebatir las herejías que abundaban en el sur de Francia, y la refutación necesaria no podía hacerse sin fuertes instrumentos intelectuales. Por ello, sus conventos eran también centros de estudio y preparación teológica. Pronto el más famoso fue el de París, fundado en el 1217, cuyo principal maestro era Rolando de Cremona. Cuando, en medio de sus disputas con el canciller de la escuela catedralicia, la Universidad fue disuelta por algún tiempo, muchos de sus estudiantes acudieron al convento dominico para sus estudios, con el resultado de que cuando la Universidad quedó reorganizada, Rolando de Cremona vino a ser uno de sus profesores —y por tanto el primer dominico establecido en la Universidad. Cuando el maestro universitario Jean de Saint Giles se unió a los dominicos, esa orden contó con dos profesores en el gremio universitario. Algo semejante sucedió en Oxford, donde el profesor Roberto Bacon se hizo dominico en el 1227. Pronto los dominicos ocuparon un lugar importante en todas las facultades de teología. De ellos el más famoso e influyente fue Santo Tomás de Aquino, sobre quien volveremos en breve.

La historia de la presencia franciscana en las universidades —y específicamente en la de París— fue algo diferente. San Francisco no había mostrado gran interés en los estudios académicos, ni para sí mismo ni para sus seguidores, y por tanto al principio estos no hicieron esfuerzos por asentarse en los claustros universitarios. Pero en el año 1236 el maestro universitario Alejandro de Hales se hizo franciscano, con lo cual la Orden de los Hermanos Menores hizo entrada en la Universidad de París. A partir de entonces, en un proceso paralelo al de los dominicos, la presencia franciscana en la Universidad fue aumentando tanto en número como en prestigio. El más famoso de los maestros franciscanos del siglo trece fue San Buenaventura, sobre quien también volveremos.

La presencia de los mendicantes —franciscanos y dominicos— entre los profesores universitarios no fue bien recibida por muchos de sus colegas. Hasta entonces, la enseñanza universitaria había estado en manos del clero secular, que no tenía votos de pobreza, y muchos de esos profesores se resentían del énfasis de los mendicantes sobre la pobreza, que les parecía ser un ataque contra su estilo de vida. La controversia estalló a mediados del siglo trece, cuando el procurador de la Universidad, Guillermo de San Amor, tras fracasar en sus intentos de expulsar a los mendicantes, escribió dos obras en las que afirmaba que la postura de los mendicantes en cuanto a lo que llamaban la "pobreza evangélica" era herética. La virulencia de su ataque se ve en los títulos mismos de esas obras: *Del anticristo* (1254) y *De los peligros de los tiempos presentes* (1256). Condenada esta obra por el papa Alejandro IV, y obligado su autor al exilio por el rey de Francia Luis IX (San Luis), otro profesor universitario, Gerardo de Abbeville, tomó la batuta contra los mendicantes.

La importancia de este conflicto para nuestros propósitos no radica tanto en la debatida cuestión de la pobreza como en lo que ella implicaba para el estilo de vida de los estudiantes y estudiosos, así como para sus métodos de estudio. Por varias generaciones anteriores, según iban perdiendo importancia las escuelas monásticas y la iban ganando las catedralicias y por fin las universidades, el énfasis en la vida comunitaria como contexto para los estudios había ido decayendo. En las escuelas monásticas, el pertenecer a la comunidad no era una mera conveniencia, sino que era requisito y contexto ineludible para los estudios mismos. En las escuelas catedralicias, y luego en las universidades, aunque estas últimas tenían el carácter de un gremio, y aunque los estudiantes frecuentemente compartían recursos y viviendas, todo esto era un medio para facilitar los estudios, y no parte integrante del concepto mismo de esos estudios y de sus propósitos. En contraste, tanto para los dominicos como para los franciscanos el punto de partida, el contexto y la meta de sus estudios y de toda su vida era la comunidad a que pertenecían. En ese contexto, la "pobreza evangélica", en la que todos compartían de los recursos disponibles, era importante, no sólo como práctica ascética o como "consejo de perfección", sino también como factor necesario para la vida en estrecha comunidad. Por ello, aunque los franciscanos pronto abandonaron el ideal de pobreza absoluta de su fundador, tanto ellos como los dominicos insistían en la pobreza individual, pues todo lo que tenían le pertenecía a la comunidad, y no al individuo.

En contraste con tales actitudes, los maestros "seculares" —es decir, los que no pertenecían a comunidades monásticas, pues todos eran clérigos, y ningún maestro era "secular" en el sentido de hoy— subrayaban los logros individuales. Para vivir, cubrían sus gastos principalmente con las cuotas que les cobraban a sus estudiantes. Bien podemos imaginar el espíritu de rivalidad y de competencia que surgiría y se fortalecería en ejercicios tales como las *quaestiones disputatae* —sobre todo las *de quodlibet*. Luego, el debate entre "seculares" y "religiosos" no era sólo sobre la pobreza, sino que tenía profundas consecuencias para el modo en que se entendía tanto el proceso educativo como la vida y el ministerio para los que ese proceso debía preparar.

Por otra parte, es de todos sabido que el siglo trece, sobre todo en la Universidad de París, pero pronto en toda la cristiandad occidental, fue escenario de largos debates resultantes de la reintroducción a la Europa occidental del corpus aristotélico, así como de las obras de su comentarista Averroes y de otros filósofos. El contraste que esto significó en la filosofía de la enseñanza se ve al comparar los escritos de Buenaventura sobre el maestro y su función con los de Tomás de Aquino.

Sobre este tema, Buenaventura produjo tres tratados semejantes y mutuamente complementarios: *Reductio artium ad theologiam* —*Reducción de las ciencias a la teología*—, *Christus, unus omnium magister* —*Cristo, maestro único de todos*— y *De excellentia magisterii Christi* —*De la excelencia del magisterio de Cristo*. En ellos, Buenaventura no se propone más que reafirmar lo antes dicho por San Agustín, que todo verdadero conocimiento viene de Cristo, y que la función del maestro humano no es enseñar, sino apuntar al conocimiento interno que Cristo da. En la *Reducción*, hace un inventario y recorrido de todas las ciencias y artes estudiadas entonces, para mostrar que en todas ellas el conocimiento no es sino una iluminación procedente de Cristo. El segundo sigue los lineamientos del *De magistro* de San Agustín, aunque sin detenerse tanto como este último en las cuestiones filosóficas en torno a la significación de las palabras. En el tercero, se desentiende de las funciones de todo maestro humano, para afirmar que "Cristo enseña verazmente respecto de lo que hay que creer contra la falsedad del error,.. enseña deleitablemente respecto de las promesas en contra de la volubilidad o deleitabilidad del mundo... [y] enseña eficazmente en cuanto a las obras en contra de la flojedad del corazón."[1]

Por su parte, Tomás de Aquino escribió sobre el tema tanto en una de sus *quaestiones disputatae* —la número xi, *De magistro*— como en su *Suma teológica*.[2] En todos estos escritos, Tomás le da al maestro una función mucho más activa que la que le daban Agustín y Buenaventura. Según él, es el maestro quien conduce al discípulo de lo conocido a lo desconocido, a la vez que le hace ver las conexiones entre diversos principios y conclusiones. Esto puede verse en su respuesta a la pregunta de si el ser humano puede enseñar a otro ser humano:

Puede, pues, el maestro contribuir de dos modos a que el discípulo pase de las cosas por él previamente conocidas al conocimiento de las desconocidas. El primero de estos

---

[1] *De la excelencia del magisterio de Cristo*, 3.
[2] *Pars.* 1, *quaes.* 111, *art.* 1,3 y 117, *art.* 1, y *pars* 2-2, *quaes.* 181, *art.* 3.

modos es suministrarle algunos medios o auxilios de los
cuales use su entendimiento para adquirir la ciencia, tales
como ciertas presuposiciones menos universales, que el
discípulo puede fácilmente juzgar mediante sus previos
conocimientos, o dándole ejemplos sensibles, o cosas
semejantes, o cosas opuestas, etc., de las cuales el entendimiento del que aprende es conducido al conocimiento de
alguna verdad desconocida. El segundo de estos modos
consiste en fortalecer el entendimiento del que aprende,
no mediante alguna virtud activa, como si el entendimiento del que enseña fuese de una naturaleza superior...
sino en cuanto que se hace ver al discípulo la conexión de
los principios con las conclusiones, en el caso de que no
tenga él suficiente poder comparativo para poder deducir
por sí mismo tales conclusiones de tales principios.[3]

La diferencia entre Agustín y Buenaventura, por una parte, y
Santo Tomás por otra, se debe a la reintroducción de Aristóteles,
y al interés de Tomás en compaginar la larga tradición platónico-
agustiniana con la teoría aristotélica del conocimiento. Por ello,
aunque Tomás sigue hablando del conocimiento como "iluminación", con ese término no quiere decir lo mismo que Agustín
o Buenaventura. Para estos, la "iluminación" viene de lo alto, del
Verbo de Dios. Lo que Tomás entiende por "iluminación", más
bien que un don de lo alto, es el proceso mediante el cual la mente
descubre la esencia de un conjunto de sensaciones relacionadas
entre sí —es decir, de lo que Tomás llama una "imagen" o un "fan-
tasma". Esa imagen —por ejemplo, la de un caballo— nos llega
por los sentidos, y es necesaria para el conocimiento; pero no es
conocimiento, pues el verdadero conocimiento es el de las esen-
cias. El verdadero conocimiento se alcanza cuando, mediante el
proceso que Tomás llama "iluminación", la mente abstrae de la
imagen de un caballo la idea misma de "caballo". Es este modo de
entender el conocimiento lo que le da al maestro, tal como Tomás
lo entiende, una función mucho más activa y necesaria que en la
antigua tradición platónica y agustiniana, pues el conocimiento

---

[3] *Summa theol.*, pars 1, *quaes.* 117, *art.* 1.

está en el discípulo sólo "en potencia", y la función del maestro es llevarlo al "acto".

Cabe decir entonces que la reintroducción de Aristóteles y el modo en que Tomás de Aquino adaptó su filosofía a la teología y la enseñanza cristianas llevaron a una drástica revolución en el entendimiento tanto de la enseñanza como del conocimiento mismo y del modo en que se adquiere. Esa revolución fue tal que sin ella es imposible concebir la ciencia moderna, que se fundamenta precisamente en la observación de los datos de los sentidos —y en la investigación, que no es sino una observación controlada— para de ellos abstraer conclusiones generales que van más allá de los casos particulares.

Por otra parte, y volviendo al tema de la educación ministerial, resulta claro que buena parte de la teología que se estudiaba, discutía y producía en las universidades no tenía mayor pertinencia para la práctica ministerial. La gran *Suma teológica* de Santo Tomás, así como los más famosos *Comentarios sobre las sentencias*, son obras voluminosas que no se encontrarían sino en las bibliotecas de las grandes universidades. Y aun si hubieran estado disponibles al común de los pastores, los temas que en tales obras se discutían eran tan abstractos y detallados que de poco hubieran servido para las labores pastorales.

Esto no quiere decir, sin embargo, que las obras de aquellos teólogos carecieran de valor. Ya hemos dicho que sin Santo Tomás se hace difícil concebir todo el desarrollo de las ciencias modernas. Pero hacemos mal en juzgar aquella obra únicamente en términos de su aplicabilidad a la vida cotidiana de la iglesia. Tal juicio se basa en una visión según la cual el valor del conocimiento se mide en términos de su utilidad. Pero la visión de aquellos grandes maestros medievales —visión inspirada por San Agustín y otros— era la de una teología nacida, no tanto de las necesidades de quienes leyeran los escritos del teólogo, sino del amor del teólogo mismo hacia Dios y su verdad. Según esa visión, la teología se acerca mucho a la contemplación, y no es sino una expresión del amor a Dios con toda la mente.

Además, aun a pesar de sus abstracciones, muchos de aquellos teólogos sí se ocuparon de la formación e instrucción de pastores y misioneros. Así, por ejemplo, es muy probable que la *Suma contra gentiles* de Tomás de Aquino —bastante menos extensa que la *Suma teológica*— haya sido concebida, en parte al menos, como un manual para quienes emprendían misiones entre los musulmanes, o se enfrentaban con ellos en debates. Y el *Breviloquio* de Buenaventura, una de las obras más copiadas y leídas en los siglos trece y catorce, fue escrita, según el propio Buenaventura porque…

> rogado por los compañeros [probablemente, otros franciscanos menos dados al estudio, pero preocupados por el fundamento teológico de su ministerio] para que de mi pobrecita pequeña ciencia dijera alguna cosa breve en suma y compendio de la verdad de la teología, y vencido por sus ruegos, accedí a hacer cierto *breviloquio*, en el cual sumariamente se tocasen no todas las cosas, sino algunas más aptas para tenerlas brevemente.[4]

Todo esto nos hace ver que, a pesar de que los escritos de los escolásticos nos parecen hoy fríos y rígidos, en los grandes maestros de la primera escolástica prevaleció el espíritu tanto de San Francisco como de Santo Domingo, en el que la iglesia y la vida comunitaria eran parte esencial del estudio, así como el de Anselmo, para quien el estudio era un acto de devoción.

Empero al mismo tiempo hay que reconocer que los pastores que estudiaban en las grandes universidades eran relativamente pocos, y que entre quienes estudiaban en ellas pocos se dedicaban al pastorado.

En resumen, el siglo trece vio un florecimiento en los estudios teológicos sin paralelo en toda la historia del cristianismo. Bien se ha dicho que la *Suma teológica* de Santo Tomás es como una gran catedral gótica, donde se incluye todo el universo y donde los diversos elementos sirven de contrapeso entre sí, de tal modo que el edificio todo se eleva a alturas inesperadas. Y no debemos olvidar que esta famosa obra es solamente la más conocida e

---

[4] *Breviloquio, proemio*, 6.6.

influyente de docenas de "sumas" y de otros escritos de autores increíblemente eruditos.

Al igual que en el caso de Anselmo, la investigación teológica de los grandes maestros del escolasticismo del siglo trece eran personas de una profunda piedad para quienes sus estudios y discusiones no eran sino un método de manifestar su amor hacia Dios con toda su mente. Esto fue particularmente cierto de los dominicos y franciscanos que pronto llegaron a ser una presencia notable en las escuelas de teología de universidades tales como París, Oxford y Salamanca. Gracias al modo en que estas órdenes subrayaban la importancia de la vida en comunidad, los mejores maestros del siglo trece lograron detener en cierta medida las tendencias a la rivalidad individualista que más tarde vendría a ser marca de la vida universitaria —y que el método escolástico, aun sin proponérselo, fomentaba.

Pero ese gran despertar teológico no se tradujo en una mejor preparación para la inmensa mayoría del clero —sobre todo de los pastores en las parroquias pobres o rurales. Poquísimos de ellos llegaban a las aulas universitarias, y el costo de los libros era tal que resultaban prácticamente inalcanzables, aun en los casos de sacerdotes que sabían leer con facilidad —nivel de educación que muchos no alcanzaban.

9
Los últimos siglos de la Edad Media

Aunque las universidades y sus profesores han ocupado buena parte de la atención de los historiadores del medioevo —sobre todo de quienes se dedican al estudio de la historia del pensamiento y de la teología— lo cierto es que, entre el número total de clérigos, los que tenían estudios universitarios eran una pequeñísima minoría. A pesar del crecimiento de las ciudades, todavía la mayoría de los feligreses vivía en zonas rurales, donde no se requerían muchos conocimientos por parte del párroco. Debido a la escasez de documentos existentes —y a la falta de estudios sobre los que hay— es muy difícil determinar el nivel de educación de los párrocos de aldeas y poblados menores —así como de quienes servían en parroquias urbanas de menor categoría. Hay numerosos documentos en los que se ordena que en cada parroquia haya una escuela para los niños de la zona. Pero el hecho mismo de que haya sido necesario repetir tales dictámenes es señal de que no siempre se cumplían. Aunque en las parroquias mayores era frecuente tener un maestro dedicado a la labor educativa en la escuela parroquial, lo más frecuente en las parroquias de menor relieve era que el párroco fuera también el maestro. En todo caso, lo que se enseñaba en tales escuelas era de carácter tan elemental, que en muchos casos no era necesario siquiera que el maestro supiera leer. Frecuentemente tales estudios se limitaban a memorizar el Padrenuestro, el Credo, los Diez Mandamientos y unas pocas oraciones de las más comunes. Por ello, repetidamente se encuentran referencias a párrocos que no tenían otro conocimiento que lo que habían memorizado de la misa y otros ritos, y de los textos fundamentales —el Padrenuestro, el Credo, etc.— que les enseñaban a los estudiantes en la escuela parroquial.

Por otra parte, ya para esa época se estaba estableciendo bastante claramente la jerarquía de las órdenes clericales —aunque no en todas partes eran el mismo número ni se les daban los mismos nombres. Normalmente, estas órdenes se dividían entre las "menores" y las "mayores". Las cuatro órdenes menores eran las de ostiario, lector, exorcista y acólito, y las tres mayores eran las de diácono, presbítero y obispo. Las responsabilidades del ostiario se limitaban a abrir y cerrar la iglesia, a invitar a los "dignos" a la comunión y a asegurarse de que los "indignos" no se acercaran a tomarla. El lector se ocupaba principalmente de leer el texto bíblico sobre el que se iba a predicar —si es que había predicación, pues en muchos casos esa tarea se descuidaba— y de enseñar el catecismo —que ya no era una preparación para el bautismo, como en la iglesia antigua, sino la enseñanza de los rudimentos de la fe a niños y niñas ya bautizados. Puesto que el catecismo se aprendía y enseñaba de memoria, toda la educación que el lector necesitaba —y frecuentemente no tenía— era saber leer.[1] El exorcista —orden después suprimida— se ocupaba de orar por los enfermos, echando fuera demonios. Y, por último entre las órdenes menores, el acólito ayudaba al sacerdote en el oficio de la misa.

En teoría, las "órdenes mayores" —diácono, presbítero y obispo— requerían ciertos conocimientos. Pero no había plan de estudios establecido, ni tampoco definición alguna de lo que era necesario saber para recibir tales órdenes u ocupar los cargos correspondientes. Durante los mismos siglos trece y catorce, cuando florecían las universidades, hay abundantes casos de presbíteros y hasta de obispos analfabetos. Y no era raro el caso de un niño preadolescente consagrado como obispo gracias a las gestiones y al dinero de sus familiares.

---

[1] Aunque frecuentemente se dice que fue Lutero quien primero escribió —o al menos quien primero hizo imprimir— un catecismo, eso no es cierto. Entre varios otros, Jean Gerson (1363-1429) compuso un *Abecedario para gente sencilla*. Y en el 1470 el monje Teodorico Dederich hizo imprimir el primer catecismo alemán, *Christenspiegel —Espejo cristiano*.

Esto nos lleva a considerar otro elemento que actuó en desmedro de los estudios ministeriales, la corrupción. Aunque la discutimos en este lugar de nuestra historia, lo cierto es que esa corrupción comenzó desde mucho antes, en parte como resultado de las invasiones germánicas y del caos que causaron, en parte como corolario del sistema feudal que esas invasiones establecieron, y en parte porque según la iglesia se iba haciendo más rica y poderosa más codiciables se volvían los cargos eclesiásticos.

El feudalismo se basaba en un sistema de "beneficios" que normalmente consistían en tierras que un señor feudal le concedía a un vasallo en premio por algún servicio prestado o prometido. Aunque al principio esos beneficios se limitaban a la vida tanto de quien los concedía como de quien los recibía, poco a poco se fueron volviendo hereditarios, y fue esa división de tierras —y por tanto de riquezas y de autoridad— lo que le dio origen al feudalismo.

Dentro de la iglesia, pronto surgió un sistema parecido. Las parroquias, diócesis y otros cargos eclesiásticos se volvieron "beneficios" que, sin llegar a ser hereditarios como los feudos seculares, perduraron aun cuando el feudalismo comenzó a decaer, y fueron parte de la estructura de la vida eclesiástica a través de todo el medioevo. El sacerdote que recibía un beneficio vivía de sus rentas —diezmos, ofrendas y el producto de las tierras propiedad de la parroquia. Puesto que los hijos menores de familias pudientes no heredaban las propiedades de sus padres, uno de los modos en que estos últimos hacían provisión para ellos era destinándoles a la carrera eclesiástica y asegurándose de que tuvieran algún beneficio. Luego, aunque en teoría se suponía que los beneficios no fuesen sino el modo de sostén para los pastores y otros siervos de la iglesia, en realidad los beneficios normalmente se concedían gracias al patronazgo de alguna persona influyente —la familia o amigos del beneficiado, el obispo, el patrón secular, etc. Frecuentemente, los estudios y aptitud del candidato para ocupar el cargo y cumplir sus funciones apenas se tomaban en cuenta —o se descuidaban del todo. En otras palabras, gracias al beneficio que iba adjunto a las funciones pastorales, las relaciones entre patrón y cliente eran el principal factor determinante para decidir sobre quién recaerían esas funciones.[2]

Lo que esto implicaba para la preparación ministerial resulta evidente. Esa preparación consistía mayormente en las gestiones necesarias para obtener el patronazgo de algún noble o prelado, y no era mucho lo que se requería en cuanto a preparación académica, ni siquiera en cuanto a habilidades pastorales.

Esto no quiere decir que no hubiera quien se preocupara por ese estado de cosas. Al contrario, en los últimos siglos de la Edad Media abundaban en toda Europa los decretos, medidas y programas con el propósito de mejorar la preparación del clero. Para probarlo, basta una rápida mirada a lo que acontecía en la Península Ibérica, que era típico de todo el continente.[3] En 1228, un concilio reunido en Valladolid ordenó que se les diera a los saccrdotes tres años para aprender latín. Durante esos años, sus estipendios quedarían suspendidos. Y, si al cabo de este tiempo no habían aprendido lo suficiente, se les suspendería. En 1303 otro concilio reunido en León decretó que, además de ser hijos legítimos, los candidatos a órdenes mayores deberían saber leer y cantar, además de saber de memoria el canon de la misa y las palabras y gestos dictaminados para los principales ritos de la iglesia. Lo mismo se ordenó en Oporto en 1494, y en varios otros concilios regionales —así como en los dictámenes de algunos gobernantes y prelados.

Pero tales decretos y medidas no remediaron la situación. Para no ser demasiado exigentes, pronto se hizo común la práctica de no aplicarles tales reglas y requisitos a los niños menores de diez años ni a los "ancianos" mayores de treinta y cinco, como indica el obispo de Ávila Alonso Fernández de Fonseca a mediados del siglo quince. (Cabe notar que el hecho de que pudiera haber niños

---

[2] Hay un magnífico estudio del modo en que todo esto funcionaba en Burgos que sirve de ilustración para lo que sucedería en el resto de Europa: Susana Guijarro González, "Jerarquía y redes sociales en la Castilla Medieval", en *Anuario de Estudios Medievales*, 38/1, enero-junio, 2008, pp. 271-299.

[3] En lo que sigue, ofrezco datos tomados de José Luis Martín Martín, "Alfabetización y poder del clero secular de la Península Ibérica en la Edad Media", en Peter Burke, José Luis Martín y Martín y otros, *Educación y transmisión de conocimientos en la historia* (Salamanca: Ediciones Universidad, 2002), pp. 95-143.

de menos de diez años gozando de beneficios eclesiásticos es un índice más de la corrupción de la época. Y, para empeorar las cosas, no eran solamente los sacerdotes quienes podían ser nombrados desde tan temprana edad, sino que abundan también los casos de obispos y abades menores de edad.) En 1293, el maestro de la escuela catedralicia de Palencia no sabía leer. Algo más tarde, los prelados abulenses se quejaban de que hasta en la catedral de Ávila había clérigos que apenas sabían leer. Y en 1325 otro concilio de Segovia ordenó que en las escuelas catedralicias de las archidió-cesis se enseñara teología, mientras que lo que se requería en las diocesanas se limitaba a la gramática, la lógica y la retórica —es decir, el antiguo *trivium*, aunque ahora en lugar de astronomía, que requería ciertas habilidades matemáticas, se estudiaría lógica.

A pesar del triste estado de las letras entre buena parte del clero secular hubo también un buen número de clérigos que se esfor-zaban en hacer estudios. Muchos de los maestros en las escuelas catedralicias habían estudiado en las universidades, y lo mismo era cierto de algunos prelados. Entre ellos, a manera de ejemplo, cabe mencionar a Alonso Fernández de Madrigal, quien estudió en la Universidad de Salamanca y sucedió a Fonseca como obispo de Ávila en 1454. Conocido como "el Tostado", aparentemente por razón de su tez oscura,[4] Fernández de Madrigal escribió co-mentarios eruditos sobre varios libros de la Biblia, así como sobre algunos escritos de San Agustín y de Jerónimo. Además entre sus obras se cuenta un tratado *De la mejor política*, en el cual propone la democracia como la mejor forma de gobierno. Al igual que en Ávila con Alonso de Fonseca y Fernández de Madrigal, en otras diócesis hubo también obispos eruditos y duchos en teología. Por dar solamente un ejemplo más, cabe notar que entre los obispos de París se contaron Pedro Lombardo —el autor de las *Sentencias* sobre el cual ya hemos tratado— (1159-1160), y otros teólogos de reconocida fama tales como Guillermo de Auvergne (1249) y Étienne Tempier (1250-1268).

---

[4] Además de ser oscuro de tez, el Tostado era extraordinariamente bajo de estatura. Se cuenta que en un concilio, estando él de pie para hablar, alguien le gritó: "surge" —leván-tate—, a lo que el prelado contestó: "ego non sum plus" —no soy más que esto.

Pero aun esos obispos lograban hacer poco en cuanto a los conocimientos básicos de buena parte de clero que les estaba supeditado. Muchos de esos clérigos habían recibido beneficios gracias al apoyo de patronos poderosos, y poco o nada podían hacer los obispos para obligarles a estudiar. Y, si tal era el caso de aquellos obispos que se preocupaban por la preparación y habilidades pastorales de su clero, ¡cuánto peor sería el caso de los otros muchos obispos menos concienzudos, muchos de los cuales debían su posición a sus propios patronos! —incluso aquellos que, como ya hemos mencionado, habían llegado a tan excelsas posiciones cuando eran todavía niños gracias al patronazgo y el poder de sus familias.

El sistema de beneficios se corrompió cada vez más, y esto a su vez resultó en desmedro de la preparación del clero, así como en un distanciamiento cada vez mayor entre la cátedra universitaria y la vida parroquial. Normalmente, quienes servían una parroquia u ocupaban otro cargo eclesiástico en forma de beneficio eran los responsables de cumplir las funciones correspondientes al beneficio mismo. Pero pronto apareció el beneficio llamado *sine cura* —es decir, "sin cuidado", sin tener que ocuparse de las responsabilidades pastorales o eclesiásticas—, de donde se deriva la palabra castellana "sinecura". En tales casos, se le pagaba una parte de los ingresos del beneficio a quien cumplía con las tareas correspondientes, mientras el resto correspondía al beneficiario ausente. Esto fue uno de los factores que llevaron al "pluralismo" de que tanto se quejarían los reformadores, tanto católicos como protestantes. Si era posible recibir un beneficio sin ocuparse de él, era también posible tener varios de ellos sin ocuparse de ninguno. Pero, además de la obvia corrupción del sistema mismo, el sistema de beneficios sirvió también para distanciar la vida parroquial de la académica. Los beneficios se usaban frecuentemente a manera de las becas de hoy, con el fin de cubrir los gastos de algún estudiante, bachiller o hasta profesor. El propio Juan Calvino, quien más tarde se hizo famoso como portavoz y líder de la Reforma protestante, pudo hacer sus estudios gracias al sistema de beneficios. Su padre pertenecía a la pequeña burguesía y, cuando tuvo que enfrentarse a serias crisis económicas, toda la familia fue acogida por una familia aristocrática de nombre Mommon, con cuyos hijos Calvino pudo entonces hacer sus primerísimos estudios. En 1521, cuando Calvino contaba solamente doce años, fue hecho capellán beneficiaro de la capilla de Notre-Dame de la Gélasie gracias a la intervención de los Mommon y del obispo de Noyon —su ciudad natal. Fue gracias a ese beneficio que, dos años más tarde, pudo ir a París a estudiar junto a uno de los niños Mommon. Pasados otros seis años, el padre de Calvino le consiguió otro beneficio —¡de modo que el joven Calvino, además de ser beneficiario, se volvió pluralista! Con los ingresos de esos beneficios Calvino hizo todos sus estudios en París, Orleans y Bourges. Por fin en 1534, después de su conversión al protestantismo, renunció a ambos beneficios.

El uso de los beneficios o sinecuras para cubrir los gastos de estudiantes y profesores contribuyó al creciente distanciamiento entre la universidad y la parroquia. Quienes estudiaban en la universidad gracias a un beneficio rara vez lo hacían con el fin de prepararse para ocupar la posición de cuyo beneficio gozaban. Al contrario, el beneficio mismo, por ser permanente, les permitía dedicarse indefinidamente a los estudios. En tales circunstancias, el que tales estudios tuvieran pertinencia para la vida religiosa del pueblo o no la tuvieran no era cuestión que debía preocuparles a los estudiantes y profesores, muchos de los cuales veían con desprecio a los clérigos de escasa educación que cumplían con las tareas de sus beneficios.

A este distanciamiento contribuyó sobre todo el curso que siguieron los estudios filosóficos y teológicos desde fines del siglo trece hasta bien entrado el quince. El método escolástico requería que se hicieran distinciones cada vez más sutiles a fin de poder responder a autoridades bíblicas, teológicas y filosóficas que parecían contradecirse. Señal de esto es que, mientras a Buenaventura y a Tomás de Aquino a mediados del siglo trece se les llamaba los doctores "Seráfico" y "Angélico", a Juan Duns Escoto (c.1265-1308), se le dio el título de "Doctor Sutil". Y hacia fines del siglo catorce y principios del quince los más famosos teólogos habían sobrepasado hasta las sutilezas de Duns Escoto.

A esto se sumaba el espíritu mismo de la universidad, en la que los maestros competían entre sí, y las rivalidades llegaron a adquirir tonos acrimoniosos. Una vez más, el mismo método escolástico, con sus *quaestiones disputatae*, y sobre todo las *de quodlibet*, fomentaba esa rivalidad, que pronto enfrentó a franciscanos y dominicos, no sólo con los maestros seculares, sino también entre sí. Los profesores se acusaban mutuamente de herejía, y una de las formas de literatura más comunes vino a ser la de los "correctorios" —*correctoria*—, en que se "corregían" las opiniones de los contrincantes.

Por último, al hablar de la teología escolástica de fines de la Edad Media, es importante reconocer el modo en que esa teología, llevada por sus propias presuposiciones filosóficas, fue contraponiendo cada vez más la fe a la razón. Santo Tomás había distinguido entre verdades de razón, para las cuales la revelación no es necesaria, verdades de fe, que sólo se conocen por revelación divina, y un grado intermedio de verdades que son verdades tanto de fe como de razón, aunque la razón las puede alcanzar. Estas son las verdades necesarias para la salvación, y por tanto las ha revelado, de modo que quien no alcance a conocerlas mediante la razón no se pierda por ello. (Por ejemplo, que Dios ha revelado porque, aunque la razón la puede probar, es necesaria para la salvación. De ese modo los fieles indoctos también pueden alcanzar la salvación.) Duns Escoto rechazó esa distinción, declarando que solamente hay verdades de fe y verdades de razón. Esto a su vez llevaba a un distanciamiento entre ambas, de tal modo que cada vez más se daba a entender que las verdades de fe, por ser verdades "por encima de la razón", tenían poco o nada que ver con las verdades de razón. El extremo a que tales tendencias llevaban se manifestó en los siglos catorce y quince en la obra de Guillermo de Ockham (c. 1310-1349) y sus sucesores, para quienes el poder absoluto de Dios —la *potentia Dei absoluta*— es tal que no se sujeta a lógica alguna. Dios no se sujeta siquiera a la idea de lo bueno, pues cualquier cosa que Dios haga, por haberla hecho Dios, es buena. Pero, en su amor y misericordia, Dios ha limitado su poder —la *potentia Dei ordinata*—, y es por esto que hay orden en la creación. El que dos y dos sean cuatro se debe al modo en que Dios ha ordenado las cosas; pero Dios bien pudo dictaminar que dos y dos serían cinco, o tres.

El resultado neto de este creciente contraste entre la fe y la razón fue un distanciamiento paralelo entre la academia y la parroquia. Si la razón no se relaciona con la fe, ¿qué provecho tienen los estudios para quien se dedica a ministrar a la fe de los feligreses?

¿Cómo hemos de juzgar este escolasticismo de fines de la Edad Media? Algunos lo han llamado "el otoño" de la Edad Media.[5] En contraste, otros señalan que el otoño es época fructífera, y por tanto prefieren hablar de "la cosecha" de la Edad Media.[6] ¿Fueron aquellos siglos el ocaso de las glorias del siglo trece? ¿O fueron más bien su culminación? En buena medida, el juicio depende de lo que entendamos ser el propósito y función de la teología. Por una parte, no cabe duda de que los teólogos de fines de la Edad Media llevaron el método y las perspectivas del escolasticismo a sus últimas consecuencias. En ese sentido, su obra es "cosecha". Pero si el propósito de la teología es servir a la vida de la iglesia, hay amplias razones para pensar que se trata de un "otoño". Hay que reconocer que varios de los teólogos de aquellos siglos se involucraron profundamente en la vida de la iglesia. Así, por ejemplo, Guillermo de Ockham defendió la pobreza franciscana aun contra el papado. Y varios de los principales líderes del movimiento conciliar, que aspiraba a reformar la iglesia mediante la convocación de un concilio, eran académicos. Entre ellos se cuentan Marsilio de Padua, Guillermo de Ockham y Pierre d'Ailly. Pero a pesar de involucrarse en tales debates, los teólogos de la época hacían poco impacto en la vida cotidiana del pueblo cristiano, en el pensamiento y las prácticas pastorales de la mayoría del clero, o en la devoción. Esto no quiere decir que no fueran personas devotas, pues los estudios que se han hecho de las bibliotecas personales de varios profesores muestran que, al menos en Alemania, sí se preocupaban tanto por su propia

---

[5] Johan Huizinga parece haber acuñado ese nombre en el 1919 en su obra clásica *Herfsttij del Middeleuwen*, traducida al castellano como *El otoño de la Edad Media* (Madrid: Alianza Universidad, 1982).

[6] Frase que sirvió de título al famoso libro de Heiko Oberman, *Herbst der mittelalterliche Theologie*, publicado en inglés como *The Harvest of Medieval Theology* (Cambridge: Harvard University Press, 1963).

devoción como por su práctica pastoral. Pero el hecho es que la forma que la teología había tomado la hacía prácticamente inalcanzable tanto para el laicado como para la mayoría del clero. Lo que acontecía en las universidades distaba mucho de los tiempos de Buenaventura y de Santo Tomás. Como un erudito ha comentado, "el escolasticismo de los siglos catorce y quince se tornó extraordinariamente pesado y aburrido".[7]

En resumen, durante los últimos siglos de la Edad Media el escolasticismo del siglo trece fue llevado a sus últimas consecuencias, con distinciones cada vez más sutiles y preguntas cada vez más rebuscadas. Esto llevó a un distanciamiento creciente entre la academia y la iglesia parroquial, o entre los académicos y el resto de los feligreses. Y la otra cara de la moneda fue que la ignorancia del clero —sobre todo del que servía directamente en las parroquias—, que por largo tiempo había sido abismal, se acrecentó, ahora con la excusa —pero excusa razonable— de que, después de todo, los estudios no parecían llevar a mayor pertinencia para la fe de los feligreses, ni a una mejora en la práctica pastoral.

---

[7] Philippe Delhaye, *Christian Philosophy in the Middle Ages* (London: Burns & Oates, 1960), p. 113.

10
En busca de alternativas

El distanciamiento creciente entre la teología académica y la vida religiosa del pueblo llevó a iniciativas que a la postre harían su impacto sobre toda la iglesia y sobre la academia misma. La más notable e influyente de ellas fue la confraternidad llamada "Hermanos de la Vida Común" —y, paralelamente, las "Hermanas de la Vida Común". Su fundador fue Gerardo (Geert) Groote, quien había hecho estudios en Colonia, París y Praga y vivía de un beneficio eclesiástico hasta que una profunda experiencia religiosa le llevó a renunciar a esa prebenda y dedicarse a la vida contemplativa. Siete años más tarde se sintió llamado a predicar, y pronto se volvió un predicador famoso quien proclamaba el amor divino al tiempo que atacaba la corrupción del clero. Como era de esperarse, se le acusó de herejía. Pero tales acusaciones no encontraban fundamento, pues Groote era perfectamente ortodoxo, además de llevar una vida libre de toda sospecha. Pronto se reunió alrededor de él un grupo de seguidores que tomaron el nombre de "Hermanos de la Vida Común".

Aunque, como su nombre indica, estos hermanos vivían en comunidad y compartían sus bienes, no eran monjes, pues no hacían votos permanentes. Quien deseara abandonar la comunidad para vivir su fe siguiendo otro camino —dedicarse, por ejemplo, al comercio, casarse y tener familia propia, etc.— podía hacerlo sin recriminaciones. Poco después de su conversión, probablemente alrededor del año 1375, Groote escribió sus *Resoluciones e intenciones, pero no votos*, que comienzan diciendo:

> Tengo el propósito de ordenar mi vida hacia la gloria, honor y servicio de Dios y hacia la salvación de mi alma.

No he de colocar ningún bien temporal, del cuerpo, de posición, de fortuna o de conocimiento, por encima de la salvación de mi alma. Buscaré la imitación de Dios en todos los modos que sean consecuentes con el conocimiento y el discernimiento y con mi propio cuerpo y condición, que llevan a ciertas formas de imitación.

El título mismo de este escrito indica el modo en que Groote veía la diferencia entra la vida que él se proponía y la vida monástica. Los monjes y frailes hacían votos permanentes; Groote y sus "hermanos" y "hermanas" hacían resoluciones —lo cual les permitía pertenecer por algún tiempo a la comunidad y luego abandonarla para seguir otro estilo de vida. Esa distinción también era un modo de no presumir en la voluntad propia, sino confiar a cada paso en la gracia de Dios y mostrar apertura hacia nuevos llamados. Pero, a pesar de no hacer votos, los Hermanos de la Vida Común —y las Hermanas— vivían en monasterios, dieciocho de los cuales fueron fundados en vida de Groote, aunque el más famoso fue el de Windesheim, fundado dos años después de su muerte.

Los Hermanos de la Vida Común se distinguieron sobre todo por la labor educativa y por su uso de los idiomas vernáculos. Cuando Groote comenzó su predicación en Holanda, reinaba la ignorancia. Muchos de entre el clero —incluso algunos que ocupaban altos cargos en la jerarquía— apenas sabían leer. Ciertamente no sabían latín, lo cual implicaba que no podían leer los libros —de autores tales como Agustín, Casiodoro, Isidoro y Gregorio el Grande— en los que se conservaba algo de los conocimientos de la antigüedad. En el *scriptorium* de los monasterios de los Hermanos se copiaban manuscritos que se hacían circular por todo el país —y más tarde también en Alemania y otras regiones. Buena parte de esta producción estaba en los idiomas vernáculos, para lo cual Groote había marcado pauta al traducir la Biblia al holandés. Tan pronto como apareció la imprenta de tipo movible, los Hermanos de la Vida Común la adoptaron como un modo de difundir el conocimiento —a tal punto que hacia fines del siglo quince tenían unas sesenta imprentas. El propio Groote comenzó una traducción de la Biblia al holandés. Pero el medio por el cual los Hermanos de la Vida Común alcanzaron mayor influencia fueron sus escuelas.

Al principio, el principal propósito de las escuelas de los Hermanos de la Vida Común era educar al resto de la población, y por ello las primeras escuelas de dedicaban a enseñar los rudimentos de la lectura y las matemáticas. Pero pronto sus currículos se ampliaron para incluir también filosofía y teología, de modo que llegaron a ser centro para la educación de buena parte del clero en Holanda y en algunas regiones de Alemania. Como resultado de ello, varios de los personajes más ilustres de su época eran producto de las escuelas de los Hermanos en mayor o menor grado —entre ellos, Nicolás de Cusa, Tomás A. Kempis, Erasmo, Lutero y el papa de espíritu reformador Adriano VI. Y, cuando en el 1568 Roma invitó a los jesuitas a proponer mejoras en sus programas educativos, buena parte de lo que los jesuitas sugirieron procedía de las prácticas y programas de los Hermanos de la Vida Común.

Empero la enseñanza que allí se impartía era muy diferente a la de las universidades, pues la inspiraba una nueva forma de devoción, la llamada *devotio moderna*. El punto de partida de esa nueva devoción era que todo conocimiento debía estar supeditado a la vida devota y a la práctica de la fe. Así, casi al principio del famosísimo libro *Imitación de Cristo*, atribuido a Kempis, se leen las siguientes palabras:

> ¿Qué te aprovecha disputar altas cosas de la Trinidad, si careces de humildad, por donde desagradas a la Trinidad? Por cierto, las palabras subidas no hacen santo ni justo; mas la virtuosa vida hace al hombre amable a Dios. Más deseo sentir la contrición que saber definirla. Si supieses toda la Biblia a la letra y los dichos de todos los filósofos, ¿qué te aprovecharía todo sin caridad y gracia de Dios? Vanidad de vanidades, todo es vanidad (Ec. 1.2), salvo amar y servir solamente a Dios. Suma sabiduría es, por el desprecio del mundo, ir a los reinos celestiales.[1]

---

[1] *Imitación de Cristo*, 1.1.2.

Y más adelante el mismo autor pone en labios de Jesucristo las siguientes palabras:

> Hijo, no te muevan los dichos agudos y limados de los hombres; porque no consiste el reino de Dios en palabras, sino en virtud. Mira mis palabras, que encienden los corazones, y alumbran los entendimientos, provocan a compunción y traen muchas consolaciones. Nunca leas cosas para mostrarte más letrado o sabio. Estudia en mortificar los vicios; porque más te aprovechará esto que saber muchas cuestiones dificultosas.[2]

La *devotio moderna* que se encuentra tras estas expresiones se distinguía de dos formas antiguas de devoción. Una de ellas era la de las "escuelas" —es decir, del escolasticismo—, en las que el conocimiento parecía confundirse con la devoción y la obediencia. La otra era la de las creencias que predominaban entre el pueblo iletrado y que los Hermanos de la Vida Común consideraban supersticiones: augurios, profecías, visiones privadas, la constante búsqueda y reclamo de milagros, etc. Frente a estas dos, la *devotio moderna* proponía una vida de disciplina persistente cuyo fin era, mediante la imitación de Cristo, llegar a ser más como él. Pero al mismo tiempo, la *devotio moderna* subrayaba la moderación como parte de esa misma disciplina, y rechazaba el ascetismo aparentemente heroico de parte de la tradición monástica —así como de movimientos populares como el de los flagelantes, para quienes la mortificación y castigo del cuerpo eran parte de la verdadera religión.

Esa disciplina incluía el estudio; pero no el estudio para poder jactarse de saber más que otras personas, sino el estudio para acercarse más al objeto estudiado —es decir, a Dios. Además, se trataba de una fe cristocéntrica con fuerte énfasis en el estudio de la Biblia —aunque, una vez más, el propósito de tal estudio no era conocer mejor la Biblia, sino conformarse más a ella. Por ello, la *devotio moderna* propugnaba el método y la disciplina tanto en el estudio como en la vida toda. Ese método y disciplina llevarían

---

[2] 3.43.1.

al conocimiento de Dios. Y tal conocimiento no sería solamente intelectual, sino también afectivo, de tal modo que el carácter mismo de la persona se conformaría al carácter de Dios. Luego, al tiempo que se subrayaba la necesidad de una vida moral y hasta ascética, lo importante en tal vida era la "interioridad" —lo que sucedía al interior de la persona— y no las manifestaciones externas de piedad o devoción —que son válidas solamente si son expresiones de la interioridad.

En el campo de la educación básica, los Hermanos de la Vida Común hicieron gran impacto —a tal punto que la práctica común hasta el día de hoy de organizar la escuela elemental en ocho grados se debe en buena medida a ellos. Limitaron el uso de los castigos corporales como medio de enseñanza, y establecieron el método de emplear a los alumnos más avanzados como tutores para los más jóvenes. Cuando sus programas se ampliaron para incluir el estudio de la teología, el mismo método vino a ser un sistema de mentores que produjo buen número de sacerdotes formados en las escuelas de los Hermanos de la Vida Común, practicantes de la *devotio moderna*, y sobre todo conocedores de métodos de enseñanza que entonces empleaban en sus propias labores educativas.

También hay que señalar que a pesar de su énfasis en la moderación y la disciplina, y de su rechazo de las "supersticiones", aquella *devotio moderna*, en su crítica del elitismo intelectual de las escuelas, sirvió de trasfondo para los movimientos populares que, sobre todo en el siglo dieciséis, reclamarían fundamentarse en revelaciones y conocimientos dados a los indoctos pero escondidos de los demás. Así, en la misma *Imitación de Cristo* antes citada, leemos:

> Yo soy el que levanto en un instante al humilde entendimiento, para que entienda más razones de la verdad eterna, que si hubiese estudiado diez años en las Escuelas.[3]

El más famoso de los muchos pensadores que se formaron bajo el ala de los Hermanos de la Vida Común fue Desiderio

---

[3] 3.43.3.

Erasmo de Rotterdam (1469-1536), en quien lo aprendido bajo los Hermanos se conjugó con las nuevas corrientes humanistas. El humanismo fue un movimiento que se expandió por toda Europa a raíz de dos acontecimientos notables. El primero de ellos fue la invención de la imprenta de tipo movible, que les hizo posible a los estudiosos tener acceso a un número creciente de libros, así como dar a conocer sus ideas y trabajos entre un amplio círculo de colegas esparcidos por toda Europa. El segundo fue la caída de Constantinopla, que fue tomada por los turcos en el 1453, con el resultado de que muchos eruditos de habla griega se refugiaron en Europa occidental, trayendo consigo tanto su lengua como buen número de manuscritos griegos hasta entonces poco conocidos en Occidente. Surgido gracias a esa nueva situación, el humanismo se dedicó a cultivar las letras, particularmente en imitación de las letras clásicas, tanto latinas como griegas. El estudio del griego, hasta entonces limitado en las escuelas de habla latina, se generalizó. Poseedores ahora de diversas versiones de textos antiguos —incluso de la Biblia— los eruditos se dedicaron a la difícil y meticulosa tarea de tratar de restaurar el texto original de obras que les habían llegado en textos y versiones diferentes —lo que se llamó la "crítica textual". Esto se hizo también con el Nuevo Testamento, que los humanistas empezaron a estudiar en el griego original. Y algo semejante sucedió con el Antiguo Testamento, pues pronto hubo eruditos cristianos que aprendieron el hebreo y comenzaron a leer el texto bíblico en esa lengua —razón por la cual pronto se les acusó de "judaizantes".

En España, el más notable representante de esas nuevas corrientes fue el cardenal Francisco Jiménez de Cisneros, quien fundó la Universidad de Alcalá de Henares con el propósito de fomentar los estudios humanistas, e hizo compilar la famosa Biblia Políglota Computense, que incluía el texto hebreo y griego.

Pero Erasmo fue el más reconocido entre los líderes de los nuevos estudios, al punto que se le llegó a llamar "el príncipe de los humanistas". Gracias al influjo de los Hermanos de la Vida Común y de la *devotio moderna*, Erasmo no creía que el mejor modo de conocer la fe cristiana fuesen las especulaciones y debates del escolasticismo, sino el conocimiento de las palabras y enseñanzas de Jesús mismo, así como de los antiguos "Padres" de la iglesia. Esa fue una de las razones que le llevó a la publicación en el 1516 del Nuevo Testamento en griego, así como de una versión crítica de las obras de Jerónimo. A esto siguieron ediciones semejantes de otros de los "Padres". Por todo esto, al mismo tiempo que se le alababa entre los humanistas, los teólogos de la Universidad de Lovaina —y pronto los de otras— le atacaron asiduamente, declarando que el latín era la mejor lengua para estudiar la Biblia, y que el mejor modo para conocer y entender el cristianismo eran los métodos tradicionales de los escolásticos.

Siguiendo la pauta de los Hermanos de la Vida Común, Erasmo se interesó por la educación de la niñez. En el 1529 publicó *De pueris insituendis* —*De la educación de la niñez*— donde proponía nuevos métodos de enseñanza fundamentados en su visión de la niñez, no como parte de una humanidad corrupta, sino como promesa de una nueva humanidad. Por esa razón, rechazaba la práctica del castigo físico, y declaraba que si los niños no aprendían, esto debía achacarse a las malas prácticas educativas de sus maestros.

En cuanto a lo que aquí nos interesa, en el 1518 Erasmo publicó su tratado *De ratio verae theologiae* —*De la razón [u orden] de la verdadera teología*. Allí rechazaba la opinión común de que el estudio de la teología debía fundamentarse sobre los estudios de lógica y de filosofía especulativa, y proponía en su lugar el estudio de las lenguas clásicas —el latín, el griego y el hebreo— así como de la historia y de la filosofía moral. El propósito sería entonces capacitar al estudiante para el juicio crítico, la vida moral y el estudio cuidadoso de las Escrituras y de los "Padres" de la iglesia. Para Erasmo, los nuevos pastores y líderes de la iglesia que surgirían de tal programa de estudios llevarían a una renovación de la iglesia, cuya corrupción Erasmo había atacado en el 1515 en su *Adagia*. Según él, la iglesia estaba plagada de superstición, de líderes dispuestos a refrendar las decisiones de los poderosos —decisiones que frecuentemente llevaban a guerras por cuestiones nimias— de papas y obispos corruptos, de sacerdotes ignorantes y de teólogos que se dedicaban a especulaciones vanas. Frente a ello, era necesario recuperar el cristianismo sencillo, la fe profunda y la fibra moral que se reflejan tanto en el Nuevo Testamento como en la vida y los escritos de los "Padres" de la iglesia.

En resumen, en parte como reacción a las sutilezas al perecer inútiles y hasta contraproducentes del escolasticismo tardío, y en parte como respuesta a la corrupción e ignorancia reinantes, movimientos como el de los Hermanos de la Vida Común —y luego los humanistas inspirados por Erasmo— propusieron tanto una nueva devoción como nuevos métodos, programas e instituciones de estudio. Esos programas de estudio, aunque no dirigidos inicialmente hacia la educación pastoral, pronto dejaron su huella tanto en una nueva generación de estudiosos y eruditos muy diferentes de los escolásticos como en un número creciente de pastores y líderes eclesiásticos para quienes el estudio, la devoción y la práctica de la caridad resultaban inseparables.

11

La reforma protestante

A l llegar al siglo dieciséis y la Reforma Protestante, lo primero que hay que señalar es que esa reforma se gestó y nació en el ambiente universitario, y que fue de las universidades que surgieron sus líderes por varias generaciones. Martín Lutero, además de sacerdote y monje agustino, era sobre todo profesor universitario. Su visión de la justificación por la gracia surgió del encuentro entre su propia angustia espiritual y sus estudios de la Biblia — estudios que realizaba, no sólo por motivos devocionales, sino también en preparación para sus conferencias en la Universidad de Wittenberg. Desde abril del 1515 hasta septiembre del 1516, Lutero dictó conferencias sobre la Epístola a los Romanos, y casi inmediatamente comenzó otra serie sobre Gálatas. Al leer esos comentarios bíblicos, se puede ver en ellos el fundamento de lo ocurrido en la famosa fecha del 31 de octubre del 1517, y de su secuela. Y, aun después de aquella gran protesta, y en medio de todos los revuelos y contiendas que produjo, Lutero siguió siendo profesor universitario y dictando conferencias prácticamente hasta el fin de sus días.

Pero el propio Lutero reconocía que proveer para la permanencia y continuación de su obra reformadora no era su tarea y llamado, sino más bien los de su joven colega y amigo Felipe Melanchthon, como se ve en sus propias palabras:

> Yo nací para salir al campo de batalla y guerrear contra el diablo y sus huestes, y por lo tanto mis libros son tormentosos y aguerridos. Yo tengo que arrancar raíces y troncos, que cortar espinas y malezas, y limpiar breñas. Soy el rudo leñador que tiene que abrir camino. Pero el maestro

Felipe viene suave y gentilmente a sembrar y edificar, con alegría sembrando y regando según los dones que Dios le ha dado abundantemente.[1]

Luego, al tratar sobre la preparación ministerial dentro del campo de la Reforma Protestante, la figura cimera no ha de ser Lutero, sino Melanchthon, quien se unió al cuerpo docente de la Universidad de Wittenberg en 1518, menos de un año después del episodio de las *Noventa y cinco tesis* de Lutero, y permaneció allí hasta su muerte en 1560.

La Universidad de Wittenberg había sido fundada en el 1502, y por tanto estaba todavía en proceso de formación. Melanchthon no era el candidato preferido por sus nuevos colegas —entre ellos Martín Lutero— quienes preferían otro profesor con más experiencia. Pero cuatro días después de su llegada Melanchthon dictó su primera conferencia pública, *De la corrección de los estudios de la juventud*, y la reacción fue de sorprendida aprobación. Poco después Lutero le escribía a un amigo mutuo sobre Melanchthon: "al cuarto día de su llegada pronunció un discurso muy erudito y casto, recibido con mucha aprobación y admiración".[2] En ese discurso Melanchthon hacía un recuento de la historia de los estudios desde los tiempos clásicos y bíblicos, afirmando que con el correr del tiempo se fueron perdiendo las antiguas verdades y conocimientos, con la consecuencia de que, en el campo de la religión, el mensaje de la Biblia quedó oculto tras una serie de "ceremonias, tradiciones humanas, constituciones, decretales, capítulos, extravagancias y glosas".[3] Pero ahora se veía en la Universidad de Wittenberg el comienzo de un nuevo modo de leer las Escrituras, y de enseñar sus verdades, que prometía un nuevo amanecer. Ese nuevo método debía echar a un lado las prácticas y tradiciones del escolasticismo, con sus vanas sutilezas, e ir directamente a las fuentes primarias, tanto de la antigüedad clásica como del

---

[1] Prólogo a la traducción alemana del *Comentario sobre Colosenses* de Melanchthon, 1529.
[2] Citado en Clyde L. Manschreck, *Melanchthon: The Quiet Reformer* (New York: Abingdon, 1958), p. 24.
[3] R. Keen, *A Melanchthon Reader* (New York: Peter Lang, 1988), p. 50.

cristianismo. En todo esto, Melanchthon unía el tema humanista del "regreso a las fuentes" con el de la autoridad de las Escrituras y de Jesucristo, y por tanto insistía en que el estudio del hebreo, el griego y el latín debía ser parte fundamental del currículo. (Cabe notar que Melanchthon era sobrino nieto de Johannes Reuchlin, quien llevaba años enfrascado en agria controversia con los dominicos, quienes le acusaban de hereje y judaizante por razón de sus estudios del hebreo.) Además, las artes liberales deberían recibir más énfasis. Y todo ello, no por mera curiosidad, sino para conocer mejor a Cristo y su verdad. Y, según lo proponía el joven profesor, la nueva educación debía tomar forma institucional tanto en el currículo educativo como en la organización de las escuelas mismas.

Así comenzó la larga carrera docente de Felipe Melanchthon. Debido a la fama y obra de Lutero y a las publicaciones tanto del Reformador como de otros profesores que le apoyaban, pero también a la fama del propio Melanchthon, la Universidad de Wittenberg pronto vino a ser el centro de la Reforma, donde acudían quienes buscaban prepararse para participar de la obra reformadora. Cuando Melanchthon llegó a la Universidad, la matrícula total en esa institución era de ciento veinte estudiantes. Dos años más tarde, la asistencia a las conferencias de Melanchthon llegaba a las seiscientas personas —y poco después, según algunos testigos, hasta a dos mil.

La obra de Melanchthon en el campo de la educación, tanto básica como teológica, fue tal, que se le dio el título que, como vimos, se le dio antes a Rábano Mauro: *Preaceptor Germaniae* —Maestro de Alemania. Esa labor siguió dos caminos paralelos. El primero fue escribir y publicar toda una serie de libros de texto que pronto fueron utilizados en toda Alemania. El segundo fue la reforma del sistema educativo mismo.

En cuanto a los libros de texto, la producción de Melanchthon y el alcance e impacto de esa producción, fueron sorprendentes. A los veintiún años de edad publicó una gramática griega que revisó varias veces y que fue el libro de texto para el estudio de esa lengua en toda Alemania al menos hasta mediados del siglo diecisiete. Su gramática latina fue aun más longeva, pues se siguió empleando al menos hasta el dieciocho. Para entender la importancia de tal gramática, debemos recordar que el latín, sin ser la lengua materna de nadie, era la lengua común que los eruditos —y a veces los comerciantes— empleaban para comunicarse entre sí por encima de las barreras producidas por la multitud de lenguas que ellos mismos hablaban. En el caso de los estudios teológicos, el latín les permitía a estudiantes y maestros de diversos países estudiar juntos —lo cual les dio a los estudios universitarios un carácter internacional, y al mismo tiempo facilitó la difusión de las ideas y enseñanzas protestantes.

Al mismo tiempo que rechazaba el racionalismo estéril de la escolástica medieval, Melanchthon insistía en el valor del pensamiento racional, y para promoverlo escribió también un manual de lógica. Igualmente, escribió toda una serie de libros introductorios a la historia, a la física, a la sicología y a la teología.

Todos esos libros —y muchísimos otros que sus colegas, amigos y discípulos produjeron gracias a su estímulo e inspiración— debían servir de fundamento para todo un programa educativo que iba desde la escuela elemental hasta la universidad. Ese programa, propuesto por Melanchthon en su primera conferencia universitaria, sirvió de inspiración a una *Carta a los Concejales de todas las ciudades alemanas* que Lutero escribió en el 1524, en la que proponía que el gobierno estableciera escuelas públicas. Y esto a su vez llevó al plan básico de estudios que Melanchthon propuso en el 1528, que fue el fundamento para la creación de escuelas públicas —que prácticamente habían desaparecido desde tiempos de la antigüedad romana.

Al nivel universitario, la reforma que Melanchthon proponía en su discurso inicial, y que pronto se encarnó en Wittenberg, rápidamente se extendió a otros centros universitarios. En la propia Universidad de Wittenberg, Melanchthon propuso un nuevo currículo teológico —adoptado en el 1533— en el que se ofrecería una enseñanza fundamentada, no en el escolasticismo filosófico de generaciones anteriores, sino en el estudio bíblico sobre la base de una exégesis sólida en las lenguas bíblicas originales. Al mismo tiempo, ese currículo incluía un amplio conocimiento de las letras clásicas, tanto griegas como latinas. En cuanto a los estudios bíblicos, Melanchthon proponía un orden en el que se debía comenzar por el estudio de Romanos, pasar luego al resto del Nuevo Testamento, después al Antiguo, y cerrarlo todo con un estudio detenido del Evangelio de Juan. En cuanto a la teología misma, proponía un orden clásico fundamentado en el orden lógico e histórico de los temas, de modo que se comenzaría por la doctrina de Dios, luego la creación, el pecado, la redención, la ley y el evangelio, y así sucesivamente hasta llegar a la escatología.

Pero la labor de reforma universitaria de Melanchthon no se limitó a Wittenberg. Puesto que era una época en que se fundaban nuevas universidades, Melanchthon tuvo oportunidad de participar activamente en el proceso de formación de varias de ellas —las de Greifswald, Königsberg, Jena y Marburgo— además de contribuir a la revisión de los currículos en varias otras —entre ellas, Colonia, Tubinga, Leipzig y Heidelberg. (Acerca de esta última, donde él mismo había estudiado antes, Melanchthon había dicho que allí solamente se enseñaba, además de muchas trivialidades, ¡más trivialidades!)

Esta gran visión educativa de Melanchthon, que incluye desde la escuela elemental hasta los estudios más avanzados, se resume en sus siguientes palabras, que son parte del *Orden de las escuelas de Mecklenburg*, publicado en 1552, donde afirma que Dios...

> ...escribió los Diez Mandamientos en tablas de piedra y ordenó que los libros de los profetas y de los apóstoles se leyeran y aprendieran... Puesto que es de ellos que se ha de aprender la doctrina, es sumamente necesario que haya quien pueda leerlos. Y quien vaya a enseñar a otros debe ser ducho en toda la materia de doctrina y saber cómo y dónde los artículos de la Sagrada Escritura se apoyan y explican mutuamente... A fin de que haya certeza en la interpretación de la Escritura, es necesario que quienes han de enseñar a otros entiendan la lengua de los profetas y la de los apóstoles, y conozcan además todas las disciplinas que puedan contribuir a esta tarea.[4]

---

[4] Citado en C.L. Robins, *Teachers in Germany in the Sixteenth Century* (New York, Columbia University, 1912), pp. 106-107.

Puesto que el propósito de Melanchthon era volver a las fuentes para alcanzar un mejor conocimiento de Jesucristo, las disciplinas bíblicas y teológicas siempre tuvieron un lugar predominante en su visión del programa educativo en su totalidad. La educación en todos los niveles debía tener el propósito, no sólo de enseñar la materia estudiada, sino también de crear virtud y de llevar al estudiante a comprender y vivir la fe. Naturalmente, esto quería decir que en la cumbre toda del programa, como elemento absolutamente necesario para el resto, estaba la educación teológica y ministerial.

Es dentro de este contexto que debemos colocar dos de los escritos de Lutero más difundidos en el siglo dieciséis, su *Catecismo menor* y su *Catecismo mayor* —ambos producidos en el 1529, y por tanto escritos dentro del contexto del amplio plan educativo propuesto por Melanchthon y entusiastamente aprobado por Lutero. Estos dos catecismos marcaron pauta para los siglos posteriores, pues fueron impresos para el uso del público general, y fueron por tanto los primeros documentos de esa naturaleza. Los dos eran paralelos, por cuanto en ambos se discutían, en orden, el Decálogo, el Credo, el Padrenuestro, el Bautismo y la Comunión. El *Catecismo menor* era para niños, y Lutero esperaba que se enseñara, no sólo en la iglesia, sino también en el hogar por los padres. Estos a su vez debían acudir a la iglesia para aprender el *Catecismo mayor,* que debía servirles tanto para su propia vida como para capacitarles para enseñarles el *Catecismo menor* a los niños —aunque en realidad el *Catecismo mayor* fue escrito antes que el *menor,* y tenía por tanto una existencia independiente. Esto era posible gracias a la imprenta, de la que Lutero hizo uso como nadie antes lo había hecho.

El interés de Melanchthon en la educación ministerial cobró particular urgencia tras las "visitaciones" del año 1527. Tras varios ruegos y sugerencias por parte de Lutero, el elector Juan de Sajonia —el territorio cuya capital era Wittenberg— ordenó que se hiciera una serie de visitas a las iglesias y escuelas de toda la región con el fin de asegurarse de que cumplían su función, que sus cuentas y administración estaban en orden y que se estaba enseñando la recta doctrina del evangelio. Estas visitas debían llevarse a cabo por comisiones compuestas de pastores, profesores y personas duchas en la administración. A Melanchthon le tocó ser parte de una comisión a cargo de visitar la zona de Turingia. Lo que encontró allí le pareció espantoso. Buen número de sacerdotes y monjes habían aceptado la fe de la Reforma sencillamente porque eso era lo que se esperaba de ellos, y no tenían idea de los puntos doctrinales en que los evangélicos diferían del catolicismo romano. Algunos no entendían la justificación por la fe y predicaban una interpretación que negaba el valor de la ley y que bien podía llevar al libertinaje. La corrupción económica, sexual y doctrinal era generalizada. Había maestros de escuela que ni siquiera sabían leer, sino que se sabían de memoria algunos textos fundamentales como el Credo, el Decálogo y el Padrenuestro.

El resultado de aquella experiencia —no sólo de Melanchthon, sino también de los demás visitadores— fue todo un programa aprobado en 1528 por la Universidad y por el Elector, y publicado bajo el título de *Instrucciones para los visitadores de los pastores parroquiales en Sajonia Electoral.* Aunque frecuentemente este documento se cuenta entre las obras de Lutero, todo parece indicar que su principal autor fue Melanchthon. La primera parte de las *Instrucciones para visitadores* era un resumen de la doctrina cristiana y evangélica que debía enseñarse en las parroquias y escuelas. Allí se incluyen numerosas advertencias doctrinales, tales como: "Muchos hablan del perdón de los pecados y poco o nada dicen sobre el arrepentimiento... Por eso les hemos amonestado a que diligente y frecuentemente exhorten al pueblo a arrepentirse y lamentar sus pecados, y a temer el juicio de Dios." Pero sobre todo se ofrece una presentación positiva de los puntos esenciales de la doctrina bajo encabezados tales como "La doctrina", "Los Diez mandamientos", "La verdadera oración", "La tribulación", etc. La segunda parte ofrece el plan escolar a que ya nos hemos referido. Pero sobre todo, para lo que aquí nos interesa, insiste en la necesidad de una sólida educación teológica, pues...

> ...algunos suponen que basta con que el predicador sepa leer en alemán. Pero esto es un error peligroso, porque

quien pretenda enseñar a otro necesita tener buena práctica y habilidades que sólo se obtienen tras largos estudios
que han de comenzar en la juventud. ...Porque el enseñar
a otros clara y correctamente no es arte insignificante, y
quienes no tienen estudios no son capaces de ello.

El resultado de todo esto fue una creciente insistencia en la
necesidad de ampliar el alcance de la educación teológica. Hasta
entonces, lo que hacía al pastor o sacerdote era la ordenación, y
los estudios podían haberse hecho o no. Pero ya para mediados
del siglo lo normal era que los candidatos al ministerio luterano
acudieran a las universidades, donde hacían estudios teológicos
y se preparaban para la tarea de enseñar al pueblo. Esos estudios
se hacían tanto más necesarios puesto que, al tiempo que los pastores y otros líderes de la iglesia evangélica tenían que enseñarle
al pueblo mucho que antes no había sabido, también tenían que
saber cómo enfrentarse a contrincantes católicos que les declara-
ban herejes y venían armados de una serie de argumentos cada
vez mejor elaborados. Es por eso que, como hemos indicado,
hubo un enorme aumento en la población estudiantil, no sólo
en Wittenberg, sino también en otras universidades protestantes.

El impacto de la labor educativa del ilustre *Praeceptor
Germaniae* fue enorme. A Wittenberg y a las otras universidades
fundadas o reformadas por Melanchthon acudían centenares de
jóvenes comprometidos con el movimiento reformador y en busca de mayores conocimientos y mejores instrumentos para servir
en parroquias y escuelas.

Además, inspirados por la obra de Melanchthon, varios
educadores y teólogos se esforzaron por desarrollar un currículo teológico más ordenado y completo. Entre ellos se destaca
Andrés Hiperio (1511-1564), quien en 1556 propuso una división del currículo en tres partes: el estudio de la Biblia y su
interpretación, la teología doctrinal o "positiva", y los estudios
más prácticos, que se ocupan de la administración y gobierno
eclesiástico, de la predicación y del culto y los ritos. No es necesario señalar que con esa división Hiperio se acercaba a las que
después llegaron a ser las principales divisiones del currículo en

humanas... será necesario fundar un colegio para instruirles tanto en el ministerio como en el gobierno civil.[6]

En estas *Ordenanzas*, aprobadas por el Consejo de la ciudad,
Calvino expresaba un deseo que no se cumplió sino dieciocho
años más tarde, con la fundación de la Academia de Ginebra en
el 1559. Aunque el Consejo había aprobado el plan para tal institución, no aprobaba fondos para ello, y por esa razón Calvino se
dedicó a buscar los dineros necesarios entre donantes privados.
Por fin, el 5 de junio del 1559, Calvino presidió sobre la ceremo-
nia de apertura de la Academia. Resulta interesante notar que,
mientras el Consejo de Ginebra no proporcionaba fondos para
que se estableciera la escuela propuesta por Calvino, el de Berna
sí proporcionó los recursos para una escuela en la vecina Lausana
donde se enseñaba teología calvinista. El rector de la nueva escuela en Ginebra sería Teodoro de Beza, quien había tenido responsabilidades semejantes en Lausana. Para la nueva Academia
de Ginebra, Calvino había redactado un reglamento así como
un bosquejo de sus programas de estudio. Esos programas in-
cluirían una *schola privata* y una *schola publica*. En la primera se
enseñarían la lectura y escritura, primero en latín y en francés, y
luego en griego, además de otras de las artes liberales. La segunda
sería una escuela avanzada donde se darían cursos de teología y
exégesis —normalmente mediante conferencias.

Como hemos señalado la Academia de Ginebra pronto llegó
a ocupar en la tradición calvinista o reformada un lugar paralelo
—y hasta más importante— al de la Universidad de Wittenberg
en la luterana. En el 1564, cinco años después de fundada, Beza le
informaba a Bullinger —el sucesor de Zwinglio en Zurich— que
había mil doscientos estudiantes en la *schola publica* y trescientos en la *privata*. Entre estos trescientos se contaban varios que
pronto llevarían el calvinismo a Holanda, Escocia e Inglaterra
—países donde se establecerían escuelas y programas inspirados
en el modelo ginebrino.

---

[6] *Ordonnances de 1541*. Texto incluido en *Calvin, homme d'église: Oeuvres choisies du réformateur et documents sur les églises réformées du XVIe siècle* (Genève: Éditions Labor, 1936), pp. 27-47.

En sus comienzos, los líderes de la "reforma radical", es decir, de los anabaptistas, eran personas altamente educadas. Antes de abrazar la reforma, Conrad Grebel estudió en las universidades de Basilea, Viena y París. Más tarde, al unirse al grupo de estudios que Zwinglio dirigía en Zurich, se distinguió en sus estudios de literatura griega clásica, así como de la Biblia tanto en hebreo como en griego. Balthasar Hubmaier estudió en la Universidad de Friburgo, y luego fue profesor de teología en la Universidad de Ingolstadt, de la que llegó a ser rector en el 1515. Aunque no llegó a obtener un título universitario, Caspar Schwenkfled estudió en Colonia, Fráncfort y Erfurt, y fue ducho en latín, griego y hebreo, lenguas que utilizó en sus estudios bíblicos y en sus polémicas tanto contra católicos como contra otros protestantes. El único de los principales líderes de aquella primera generación que no tuvo estudios universitarios formales fue Melchior Hoffman, quien era peletero de profesión, pero quien también se dedicó al estudio cuidadoso de la Biblia así como de algunos de los autores clásicos del misticismo alemán. Menno Simons recibió la educación típica de un sacerdote católico en ese tiempo. Por ello sabía latín, algo de griego, y nada de hebreo. Según él mismo dijo más tarde, durante todo ese tiempo "era estúpido" y nunca leyó la Biblia, en parte por temor a que le confundiera. Pero tras su conversión al protestantismo se dedicó al estudio asiduo de las Escrituras, así como de los "Padres" de la iglesia.

A pesar de todo esto, las vicisitudes que atravesó el anabaptismo en sus primeros años, y en particular las persecuciones de que fue objeto, dejaban poco lugar para los estudios formales, y por ello no fue sino bastante más tarde que los herederos de aquella tradición comenzaron a fundar escuelas para la preparación de sus líderes.

En resumen, con algunas excepciones, la naturaleza misma de la Reforma Protestante, y de la oposición contra ella, llevó a sus principales dirigentes a hacer hincapié en la educación tanto del laicado como del pastorado. Esto se hizo por una parte mediante la producción literaria —cuya difusión se facilitaba enormemente gracias a la invención de la imprenta de tipo movible— y por otra mediante instituciones y programas educativos. Ejemplo de ello —aunque no los únicos, pues bien pudiéramos haber incluido, entre otras, la obra de Jean Strum en Estrasburgo, cuyo "gimnasio" o academia fundó y dirigió por espacio de cuarenta y tres años— son la Universidad de Wittenberg para la tradición luterana, y la Academia de Ginebra para la reformada. Tal fue el éxito de estas instituciones, que rápidamente los estudios teológicos formales vinieron a ser requisito para la ordenación —cosa que no había ocurrido antes en toda la historia de la iglesia, y que vendría a ser pauta para muchas iglesias al menos hasta el siglo veintiuno. Pero tal tema corresponde en otro lugar de esta historia.

12
La reforma católica

La intensidad de los debates teológicos con los protestantes, y la necesidad de rebatirlos con argumentos sólidos e información correcta, llevaron a un proceso de renovación de la educación teológica por parte de la Iglesia Católica Romana. Además, como en el caso de los protestantes, también en el catolicismo se hizo sentir el impacto del énfasis del movimiento humanista en el estudio y cultivo de las letras. Por ello, al igual que entre protestantes, el proceso de renovación teológica iba apareado a un nuevo énfasis en la educación de la juventud, de modo que la educación teológica vino a ser parte de todo un nuevo énfasis en la educación, tanto secular como bíblica y teológica.

A pesar de ello, el estado de la educación religiosa en los países mayormente católicos era deplorable, como se ve aun en los esfuerzos esporádicos por mejorarla de que tenemos noticias. Así, por ejemplo, en Milán en 1536, el padre Castellino da Castello invitó a los niños del barrio a asistir al catecismo, premiándoles con una manzana cada día de su asistencia. De allí surgió una confraternidad dedicada a la educación doctrinal de los niños. Pero aun esos esfuerzos fueron suprimidos por las autoridades eclesiásticas, y fue sólo diez años más tarde, en el 1546, que la Confraternidad de Doctrina Cristiana pudo funcionar con el apoyo oficial de la iglesia.

Esto no quiere decir que no hubiera movimientos de renovación educativa antes y aparte del reto protestante. Ya nos hemos referido a los esfuerzos del cardenal Francisco Jiménez de Cisneros en España —esfuerzos que llevaron, entre otras cosas, a la fundación de la Universidad de Alcalá de Henares y a la publicación de la Biblia Políglota Complutense. Además, los millones de habitantes en el Nuevo Mundo que —a las buenas o las malas—

se unían a la Iglesia Católica obligaron a los misioneros a tomar más en serio la instrucción catequética.

Ese énfasis —así como el énfasis paralelo en la educación de los sacerdotes— tomó forma oficial en el Concilio de Trento (1545-1563). En su quinta sesión (1546), ese concilio dictaminó que en cada catedral debería haber un programa para la instrucción del clero y de los pobres que no pudieran costear sus estudios, y que ese programa debía incluir la enseñanza tanto de "gramática" —es decir, la enseñanza elemental— como de "Sagradas Escrituras" —lo cual quería decir, no sólo Biblia, sino también doctrina y teología.

Poco después, San Ignacio de Loyola, quien siempre había tenido profundo interés en la educación, fundó en Roma el *Collegium Germanicum*, cuyo propósito era instruir a jóvenes alemanes candidatos a órdenes —y, naturalmente, candidatos también a un ministerio de oposición y refutación del protestantismo. La importancia de Loyola y de la Compañía de Jesús en todo el proceso de renovación académica y clerical es enorme. Los jesuitas fueron la primera orden religiosa en declarar desde el principio que una de sus principales ocupaciones sería la educación —en lo cual vemos un reflejo del contexto en que la orden nació, un contexto imbuido de ideales humanistas y de preocupación por el avance del protestantismo. Aun antes de la fundación del *Collegium Germanicum*, los jesuitas habían establecido otras escuelas en España (en Candía) e Italia (en Mesina y Palermo). En 1551, Ignacio les escribió a sus seguidores instándoles a fundar escuelas. A partir de entonces, y hasta su muerte, cada año se fundaron un promedio de más de cuatro. Cuando —por una serie de razones políticas que no vienen al caso— la orden fue suprimida en 1773, contaba con casi ochocientas escuelas, tanto de instrucción secular como de preparación ministerial —casi cien de ellas en América Latina. Todo esto se fundamentaba en las *Constituciones* de la orden, cuya cuarta parte trataba "Del instruir en letras y en otros medios de ayudar a los próximos los que se retienen en la compañía". Allí se establecía todo un currículo:

Siendo el fin de la doctrina que se aprende en esta Compañía ayudar con el divino favor las ánimas suyas y de sus próximos; con esta medida se determinarán en universal y en los particulares las facultades que deben aprender los Nuestros, y hasta dónde en ellas deben pasar. Y porque, generalmente hablando, ayudan las Letras de Humanidades de diversas lenguas y la Lógica y Filosofía Natural y Moral, Metafísica y Teología scolástica y positiva, y la Scritura sacra; en las tales facultades studiarán los que se enbían a los Colegios...[1]

Fue algo después, en 1563, que el Concilio de Trento en su vigésima tercera sesión se ocupó con más detenimiento de la educación del clero. Su principal énfasis en cuanto a esto fue la decisión de que cada diócesis hiciera provisión para la preparación del clero diocesano —es decir, el clero que se conoce también como "secular", para distinguirlo de quienes pertenecen a órdenes religiosas, tales como los dominicos, los franciscanos y los jesuitas, quienes constituyen el clero "religioso" o "regular" —mediante el establecimiento de "seminarios".

Al parecer, la palabra "seminario" había sido empleada por primera vez en este sentido siete años antes por el cardenal Reginald Pole, quien fue arzobispo de Canterbury durante la breve restauración del catolicismo en Inglaterra bajo el reinado de María Tudor. En su plan para esa restauración —que quedó frustrado cuando la muerte de María Tudor trajo al trono a su media hermana Isabel— Pole incluía la fundación de "seminarios" para la preparación del clero inglés. La palabra misma quería decir "semillero". Por tanto lo que se pretendía era, como en un semillero, sembrar buena cantidad de candidatos, cuidarles en su proceso de crecimiento, y por fin trasplantarles al lugar donde realizarían su ministerio. Puesto que Pole fue una de las figuras principales en la preparación para el Concilio de Trento, no ha de sorprendernos el que ese concilio, cuando por fin pudo ocuparse de la preparación del clero cinco años después de la muerte de Pole, hiciera uso de sus ideas y de su vocabulario.

Según el decreto conciliar, los obispos tenían amplia libertad en cuanto al modo en que tales seminarios se organizarían. Los

[1] *Constituciones*, 4.3.1.

obispos que así lo desearan podían hacer uso de alguna escuela ya existente. Los obispos de diócesis pequeñas o pobres podían combinar sus esfuerzos con los de otras diócesis vecinas. Y los de diócesis grandes podían tener más de un seminario. El concilio sí dictaminaba que los estudiantes debían tener al menos doce años de edad, haber completado sus primeras letras, y mostrar aptitud para el servicio de la iglesia. En el seminario se les enseñaría, además de las artes liberales, cómo predicar, administrar los sacramentos y dirigir el culto divino. Tales seminarios diferirían del noviciado y de la preparación para hacer votos en las órdenes monásticas, por cuanto su propósito principal sería preparar a sus estudiantes para el sacerdocio diocesano. Tampoco eran facultades de teología como las que habían existido por más de dos siglos en las universidades, pues, aunque en ellos se estudiaba teología, su propósito no era el estudio mismo, sino la formación total del candidato para servir en el ministerio ordenado de la iglesia.

Inmediatamente el papa Pío IV puso en efecto las directrices del concilio, nombrando una comisión de cardenales para dirigir su ejecución, y fundando el Seminario de Roma en 1565. Pero quien más se distinguió en esta tarea fue San Carlos Borromeo, Arzobispo de Milán del 1560 al 1584, quien había tenido un papel importante en el Concilio de Trento, y en Milán se dedicó a poner en práctica los dictámenes del concilio en cuanto a la fundación de seminarios. Dado el tamaño de su diócesis, y en vista de las diferentes necesidades existentes, Borromeo fundó, no un seminario, sino tres. Uno de ellos tenía el propósito de mejorar la educación de quienes ya eran sacerdotes, pero habían recibido una educación deficiente. Otro, en el que el curso de estudios era más breve, se ocupaba de la preparación de candidatos al sacerdocio en parroquias rurales. Y el tercero —que fue el que más apoyo recibió— ofrecía todo un curso de estudios que comenzaba a los doce años de edad, incluía las artes liberales y las ciencias, y culminaba con un período de estudios bíblicos y teológicos. Al parecer, el propósito de Borromeo en cuanto a este tercer seminario era proveer sacerdotes que pudieran servir en las grandes parroquias en tiempos en que muchos de los feligreses tenían amplios estudios seculares, y también refutar las herejías que amenazaban al catolicismo —sobre todo la "herejía" luterana.

La existencia de los diversos niveles de educación de aquellos primeros seminarios pronto llevó a la distinción entre "seminarios menores", en los que se estudiaba todo lo que servía de preparación a los estudios teológicos, y los "seminarios mayores", cuyo currículo se centraba primero en la filosofía y luego en la teología. Además, en algunos casos se comenzó a emplear los cursos de teología y otras materias en las universidades para la educación de los seminaristas —aunque siempre la "formación" y guía espiritual de estos candidatos al sacerdocio quedaba en manos del seminario. Luego, la formación de estas nuevas generaciones de sacerdotes diocesanos vino a ser una combinación del antiguo estilo de vida monástico —vida en comunidad, con períodos establecidos para la oración común, disciplina, etc.— con los estudios universitarios. Y, como veremos más adelante, esta combinación de lo académico con la vida comunitaria se generalizó para darles forma a los seminarios protestantes modernos.

Empero, volviendo a la Reforma Católica del siglo dieciséis y a su impacto en la educación y formación ministerial, es necesario volver también a la importancia que la Compañía de Jesús tuvo en todo esto. Como ya hemos dicho, desde sus mismos inicios esa orden vio la educación como parte de su vocación esencial. Los jesuitas estudiaron las diversas instituciones y métodos educativos prevalecientes en su tiempo, para tomar de ellos cuanto pudiera parecerles útil. En 1584 una comisión de seis eruditos jesuitas fue convocada a Roma, donde pasaron un año estudiando los mejores escritos sobre pedagogía y sobre la administración de escuelas y universidades. A esto siguió una larga serie de consultas con sus correligionarios en todo el mundo, hasta que por fin en 1599, a nombre del general de los jesuitas, el secretario de la orden envió el texto final de la *Ratio studiorum* a todo el resto de la orden, indicando que "Nuestro plan comprensivo de educación, que se emprendió por primera vez hace catorce años, se les envía ahora por fin a todas las Provincias", y que "todos tienen la obligación de seguirlo".[2] Este documento dictaminaba el modo en que todos los jesuitas debían organizar y dirigir sus escuelas, y por largos años marcaría pauta para la enseñanza jesuita —así como para muchas otras escuelas.[3]

En lo referente a la organización de las escuelas —lo cual ocupa buena parte de la *Ratio*— lo que se proponía era una adaptación de lo que dio en llamar el "método parisiense", que se había impuesto en varias de las escuelas de París, en parte debido al influjo del humanismo y en parte siguiendo las metodologías de los Hermanos de la Vida Común. Ignacio y la mayoría de sus primeros compañeros conocieron esa organización institucional primero en la Universidad de Alcalá —fundada años antes por Jiménez de Cisneros con el propósito explícito de seguir el modelo parisiense. Después casi todos ellos pasaron a la Universidad de París, donde vieron el modo en que ese "método" funcionaba en cuanto a las responsabilidades de todos los miembros de la Universidad —desde sus profesores y administradores hasta sus alumnos. Primero Ignacio, y luego la *Ratio studiorum*, tomaron ese "método" como principio sobre el cual construyeron todo el programa de enseñanza de los jesuitas.

La *Ratio* no se ocupa de los estudios elementales, no porque no fueran importantes, sino porque su atención se centraba en los programas de estudio después del aprendizaje fundamental de la lectura y escritura —los que se llamaban entonces "estudios gramaticales". Luego, el tema de la *Ratio* era lo que hoy llamaríamos la enseñanza intermedia y superior. En esa enseñanza se incluían tanto los estudios de las artes liberales como los de filosofía y ciencia y —en las escuelas destinadas a la preparación de sacerdotes— teología. Pero según el método parisiense esto debía hacerse con orden, sin mezclar demasiado las materias y los temas, para así evitar confusión y permitirles a los estudiantes entender a profundidad cada tema estudiado. Por ello el plan de estudios resultante de la *Ratio* y que perduró por siglos consistía

---

[2] *Ratio studiorum*, 1, 5.
[3] Véase Miguel Beltrán-Quera, *La pedagogía de los jesuitas en la Ratio studiorum* (Caracas: Universidad Católica Andrés Bello, 1984) y C. Labador, *La "ratio studiorum" de los jesuitas: Traducción al castellano, introducción y temática* (Madrid: UCPM, 1986).

en tres ciclos o niveles: El primero —los "estudios inferiores"— normalmente ocuparía cinco años de estudios dedicados a la gramática, las humanidades y la retórica. Los "estudios superiores" comenzaban con el segundo ciclo, un período de tres años dedicados a la lógica, la matemática, la física, la ética y la metafísica. Por último, el tercer ciclo, normalmente de cuatro años, se dedicaba a la teología —fundamentada en la filosofía, y siguiendo las enseñanzas de Santo Tomás de Aquino. Luego, un joven que comenzaba estos estudios a los catorce años de edad podía completarlos a los veintiséis —además de que, en casos de dones excepcionales, se permitía a los alumnos adelantar más rápidamente en el proceso.

En esos tres siclos, se seguiría un método pedagógico claramente establecido a imitación del de París y Alcalá —el llamado "método parisiense". En ese método se destacaban sobre todo la *praelectio*, en la que el maestro, conocedor de los trabajos y conocimientos de sus estudiantes, compartía los suyos, ajustándose siempre al nivel de los estudiantes, y la "repetición" —que no era lo que hoy entendemos por esa palabra, sino más bien un repaso de lo aprendido. Ese repaso era constante, pero sobre todo tendría lugar el sábado por la mañana, cuando normalmente se dedicaban dos horas a él —además de otras horas durante el resto de la semana. Además, el método de enseñanza incluía los debates y concursos entre estudiantes, modelados a partir de las *disputationes* medievales, pero con una fuerte dosis del espíritu humanista del siglo dieciséis —pues varios de los primeros líderes jesuitas criticaban y hasta se burlaban de la esterilidad de lo que se discutía todavía en universidades como la de París. Además, se prohibían los castigos corporales excesivos que hasta entonces habían sido parte del proceso educativo. Y la labor docente no se limitaría a los maestros, sino que los alumnos más avanzados contribuirían a la enseñanza de los más jóvenes —en parte porque enseñando se aprende, y en parte para fomentar la solidaridad entre los futuros jesuitas. En todo esto, parte de lo que se procuraba era que el aprendizaje fuera placentero, que se estimulara la curiosidad de los estudiantes, y que se les preparara para continuar estudiando a través de toda la vida.

Otra característica notable del currículo establecido en la *Ratio* era el énfasis en la lectura de textos clásicos —además de patrísticos y teológicos. Así, por ejemplo, al comienzo mismo del plan de estudios, se prescribía que...

> ...Para el conocimiento del lenguaje... las lecciones diarias se han de dedicar a enseñar, de entre los oradores, solamente a Cicerón —particularmente aquellos de entre sus escritos que contienen su filosofía moral. Entre los historiadores, a César, Salustio Livio, Curtio y otras semejantes. Entre los poetas, a Virgilio, excluyendo las Églogas y el cuarto libro de la Eneada, así como textos selectos de Horacio... y otros poemas famosos, todos expurgados de obscenidades...[4]

En esto se ven dos nuevos elementos que dejarían su huella en toda la educación a partir de entonces. El primero de ellos es el humanismo. Aun cuando los jesuitas del siglo dieciséis admiraban la escolástica anterior, el humanismo había creado en ellos el interés en que sus estudiantes llegaran a conocer, no sólo porciones y dichos breves de la antigüedad clásica, sino también los textos mismos. El segundo es la imprenta, que por primera vez en la historia de la educación les hizo posible tanto a estudiantes como profesores tener a la mano textos completos —y hasta suficientes ejemplares del mismo texto para que los estudiantes tuvieran los suyos. Luego, aunque todavía algunos textos se leían en voz alta ante la clase, ya esto no se hacía porque los demás estudiantes no tuvieran acceso a ellos, sino para discutirlos y analizarlos.

La *Ratio* también proscribía un estilo de vida semimonástico. El propósito de la educación no era solamente impartir información, sino llevar al estudiante a la *eloquentia perfecta*, que requiere, además de lo que hoy entendemos por elocuencia, un carácter consecuente con lo que se dice y enseña, fundamentado todo ello en una profunda espiritualidad. Es por eso que a partir de entonces toda la educación teológica católica —y no sólo la de los jesuitas— le ha dado gran importancia a la "formación" como

---

[4] *Ibid*, 395.

meta paralela a la instrucción. La vida del seminario incluye, además de los estudios, la oración y la recreación. Y, por la misma razón, si bien era posible que los estudiantes de un seminario hicieran sus estudios filosóficos o teológicos en alguna universidad o escuela de teología, la participación en la disciplina y en la vida comunitaria del seminario no podían soslayarse. En cuanto a los jesuitas mismos, la práctica de los *Ejercicios espirituales* de San Ignacio, tanto antes de su ordenación como regularmente después de ella, ha sido siempre parte integrante de su formación, y el contexto dentro del cual se conciben y se practican los estudios.

En resumen, en la historia de la educación teológica dentro del contexto de la Reforma Católica se entretejen dos elementos que fueron también los elementos más notables de esa reforma: la reforma pontificia y jerárquica, que cristalizó en torno al Concilio de Trento, y la labor educativa de la Compañía de Jesús. Cada uno de estos dos hizo su impacto sobre el otro, pues entre los personajes principales que les dieron forma al Concilio de Trento y a sus decisiones había varios jesuitas a través de los cuales el interés de esa orden en la educación —particularmente en la educación del clero— hizo su impacto en las decisiones del concilio sobre la educación, y particularmente sobre su decreto respecto a la fundación de seminarios en 1563. Pero a su vez esas decisiones se reflejaron en la labor educativa de los jesuitas, particularmente en la *Ratio studiorum* del 1599.

Al considerar la educación teológica resultante, se ve en ella una combinación de las antiguas escuelas monásticas con la enseñanza teológica medieval y con los nuevos énfasis y oportunidades del humanismo. Por esa razón, tanto en los decretos del Concilio de Trento como en la *Ratio studiorum* de los jesuitas la educación teológica ha de tener lugar en el contexto del "seminario" que es una institución semimonástica, en la que la vida devocional y comunitaria lleva a la formación del candidato a ordenación. Pero los reglamentos y organización de las escuelas y seminarios siguieron el modelo, no de las antiguas escuelas monásticas, sino de las universidades de París, Alcalá y otras.

Además, la invención de la imprenta y los intereses literarios de los humanistas les dieron un lugar central a la lectura y análisis de textos clásicos y patrísticos que antes habían sido de difícil acceso para los estudiantes —y hasta para los profesores. Y, gracias a la labor de los humanistas, esos textos antiguos se leían ahora en sus idiomas originales —tanto el griego como el hebreo— cuyo estudio cobró gran auge. Lo que entonces se forjó como modelo de educación teológica continuó sin grandes cambios hasta el Segundo Concilio del Vaticano, en el siglo veinte.

13
La escolástica protestante y el racionalismo

Como hemos visto, el hecho mismo de que la Reforma Protestante surgió y se nutrió en el contexto universitario, quiere decir que desde sus mismos inicios la teología protestante se fundamentó en el estudio cuidadoso de textos y doctrinas. Si bien Lutero podía hablar de la "cochina razón", esto nunca le llevó a oponerse a los estudios, siempre que se hicieran con fidelidad a la Palabra de Dios. Y aun así, ya en tiempos de Lutero, Melanchthon estaba junto a él, haciendo uso de los mejores instrumentos filológicos para interpretar las Escrituras, insistiendo en la necesidad de estudiar las lenguas bíblicas, y proponiendo reformas curriculares que llevaran a un estudio más cuidadoso y ordenado, no sólo de las Escrituras, sino también de las letras clásicas, de la filosofía y de la teología. Y para todo ello contaba con el apoyo entusiasta de Lutero.

Por tales razones, no ha de extrañarnos el que luego después de la primera generación de reformadores —y aun en vida de varios de ellos— se comenzara todo un proceso de codificación y organización de las disciplinas teológicas, particularmente de la teología sistemática. Una vez garantizada la permanencia de la Reforma, sus seguidores se vieron obligados a continuar el proceso de institucionalización y sistematización teológica que ya había comenzado en la obra de Melanchthon y de Calvino. En ese proceso, la Biblia se convirtió en un arsenal de donde se obtenían textos —frecuentemente desconectados de su contexto— para refutar a los contrincantes, y los estudios bíblicos tendían a concentrarse en tales textos y en la sistematización de lo que parecían decir.

El nombre que se le da a la nueva tendencia teológica que iba surgiendo de todo esto es "escolasticismo protestante". Ese título se ha empleado por largo tiempo en tono despectivo, dando a entender que la teología protestante perdió de vista la nueva libertad que Lutero le había dado, y se sujetó de nuevo a cánones muy parecidos a los del escolasticismo medieval. En tiempos más recientes, varios estudiosos de esa teología se han esforzado, con bastante éxito, por corregir el tono peyorativo que frecuentemente se le ha dado. Ciertamente, la "escolástica protestante" fue un período mucho más fructífero que lo que antes imaginamos. Pero a pesar de ello, el nombre de "escolástica" —no ya en sentido despectivo, sino meramente descriptivo— le viene bien. Fue una teología de las escuelas —es decir, de las universidades. Como el escolasticismo clásico, buena parte de ella utilizaba la filosofía aristotélica —sobre todo la lógica de Aristóteles— como instrumento esencial. Como el escolasticismo clásico, la teología protestante del siglo dieciséis y de buena parte del diecisiete se esforzó por colocarlo todo en su sitio según un orden estrictamente sistemático, como las antiguas catedrales medievales —y por tanto varios de los escolásticos protestantes produjeron obras que por su extensión no tienen qué envidiarle a la *Suma teológica* de Santo Tomás. Y, por último, también como el escolasticismo clásico, el escolasticismo de estas nuevas generaciones de protestantes se ocupó de cuanto detalle teológico pudiera interesarle a alguien —¡y de muchos detalles no tan interesantes!

Por otra parte, en la evaluación del escolasticismo protestante —como en la evaluación de toda teología— hay que tener en cuenta el contexto en el cual se forjó. Ese contexto es tanto teológico como político. En lo teológico, fue un tiempo de debates y discusiones dentro de cada una de las principales tradiciones protestantes, entre esas tradiciones unas con otras, y de todas con el catolicismo romano.

Dentro de las principales tradiciones protestantes —la luterana al igual que la reformada— pronto surgieron debates en torno a la herencia de los primeros reformadores. En el caso de los luteranos, esto se manifestó primeramente en las controversias entre los "filipistas" —es decir, los seguidores de Felipe

Melanchthon— y los "luteranos estrictos". Los primeros se mostraban más dispuestos a seguir las tendencias irénicas y mediatizantes de Melanchthon, mientras los últimos insistían en las posturas más extremas de Lutero —aun cuando el propio Lutero había refrendado repetidamente las posturas de Melanchthon. Todo esto llevó a la *Fórmula de concordia* del 1577 que sentó los límites del luteranismo ortodoxo. Entre reformados, debates parecidos —aunque en este caso en torno a la predestinación y la gracia— llevaron a los cánones de Dordrecht (1618-1619) y a la *Confesión de Westminster* (1647), en los que se proclamó un calvinismo estricto y se excluyó a los arminianos de las filas calvinistas. Entre luteranos y reformados, las controversias giraron sobre todo en torno a la cuestión de la presencia de Jesucristo en la comunión. También en este caso, Lutero había aprobado lo escrito por Calvino; pero ahora los luteranos más estrictos acusaban de herejía, no sólo a los calvinistas, sino también a los luteranos moderados, a quienes acusaban de "criptocalvinismo" —es decir, de ser calvinistas secretamente. Y de los debates entre los protestantes por una parte y los católicos por otra, baste decir que tales debates dominaron el paisaje teológico por siglos —y en algunas partes del mundo, hasta el presente. En esos debates, los protestantes se veían obligados a refutar argumentos sólidamente estructurados —particularmente los propuestos por Roberto Belarmino, fuente de buena parte de esos argumentos— y toda una visión de la iglesia propuesta por el historiador César Baronio que hacía ver el catolicismo como la iglesia original y verdadera, y el protestantismo como una aberración histórica. Por la misma época, los primeros descubrimientos científicos de la modernidad ponían en duda buena parte de la cosmovisión y las doctrinas tradicionales, tanto católicas como protestantes —lo cual llevaba a un fuerte énfasis en esas doctrinas tradicionales. Y, por último, a todos esos debates teológicos hay que añadir el contexto político en que tenían lugar —contexto cuya más violenta manifestación fue la Guerra de los Treinta Años (1618-1648).

En tales contextos no ha de extrañarnos el que los teólogos protestantes desde fines del siglo dieciséis y hasta bien adentrado el dieciocho se preocuparan por todo detalle de doctrina, al tiempo que desarrollaban métodos fundamentados en la lógica de Aristóteles, reconocida por todos como fundamento del pensamiento racional. Luego, las extensísimas obras tales como los *Loci theologici* de Johann Gerhard (1582-1637), que en su edición final abarcaba veintitrés volúmenes, o el *Sistema de temas teológicos* de Abraham Calov (1612-1686), en doce tomos, no eran sino el resultado de una profunda dedicación a la causa de sus autores, y un intento de refutar todo argumento contrario y responder a toda duda posible.

Todo esto hizo que la escolástica protestante se ocupara de la educación teológica. Por primera vez en la historia de la iglesia se hicieron grandes esfuerzos para que el mayor número posible de los ministros ordenados tuviera una profunda comprensión del evangelio, así como los instrumentos necesarios para servir como pastores de la grey. Esto llevó a una educación teológica más profunda, estricta y organizada curricularmente —esfuerzos de los que Andrés Hiperio había sido precursor.

La preocupación por la enseñanza teológica puede verse en la obra de Johann Heinrich Alsted (1588-1638) —uno de muchos que podrían mencionarse, pero quien más sistemáticamente escribió sobre el tema. Alsted fue tanto un hombre de conocimientos enciclopédicos —y por tanto en cierto sentido uno de los últimos renacentistas— como un convencido calvinista quien estuvo presente en las discusiones de Dordrecht.[1] Su interés estaba en relacionar el conocimiento todo con la revelación bíblica, como puede verse en su *Encyclopaedia biblica*. Pero es en su obra *Logica theologica* que Alsted trata sobre lo que aquí nos interesa, es decir, la formación pastoral. Como otros autores anteriores, Alsted propone un calendario que ha de gobernar los días, meses y años de los estudiantes —calendario que incluye exámenes anuales en julio, pero no días de asueto. En cuanto al currículo, Alsted lo divide bajo dos encabezados principales, la teoría y la práctica. Las disciplinas teóricas incluyen el estudio de la doctrina

---

[1] Véase Howard Hotson, *Johann Heinrich Alsted, 1588-1638: Between Renaissance, Reformation, and Universal Reform* (New York: Oxford University Press, 2002).

—es decir, de la teología misma—, el análisis exegético de las Escrituras, la polémica y la historia de la teología. En cuanto a lo práctico, Alsted hace hincapié en la homilética y los "casos de conciencia", en los que se estudia cómo el pastor ha de guiar a su grey en cuestiones morales —e incluye por tanto algo de lo que hoy se estudia bajo el encabezado de "ética", y algo de lo que hoy se considera "asesoramiento pastoral". Sobre cada uno de esos temas, el estudiante debía leer doce obras al año, "de cabo a rabo", e interpretarlas siguiendo métodos analíticos.

En cuanto al método, Alsted proponía que cada tema se estudiara y discutiera desde diversas perspectivas y con varias metodologías. Así, por ejemplo, en cuanto a la persona de Dios, se podía comenzar por la afirmación teológica acerca de la existencia y naturaleza de Dios. Pero a esto se debía añadir una dimensión exegética, en la que se analizarían textos bíblicos referentes al tema —siempre sobre la base de los idiomas originales. De allí se pasaría a cuestiones debatibles, a la polémica y a una visión global de lo que varios pasajes bíblicos dicen sobre el tema y cómo todo ello se compagina.

Tanto Alsted como los principales teólogos de la época estaban convencidos de que la buena teología —y por tanto la buena educación teológica— se fundamentaba siempre en las Escrituras y tenía además pertinencia práctica. En cuanto al fundamento escriturario, esto seguía los lineamientos de los primeros reformadores, y por tanto no era nuevo. Pero sí es importante mencionarlo, porque frecuentemente se ha pensado que los escolásticos protestantes, a fin de construir sus grandes sistemas, le prestaban más atención a la lógica y a la consistencia intelectual que a la Biblia. Esto no es cierto —al menos, no lo es de los principales teólogos de la época. Así, François Turretin (1623-1687) declaraba que —contrariamente a lo que habían dicho Santo Tomás y otros escolásticos medievales— la teología no es una ciencia, pues la ciencia se fundamenta en la razón, y la teología en la revelación bíblica.[2] Si el escolasticismo protestante puede ser acusado de racionalismo, en el peor de los casos se trata de un racionalismo

---

[2] *Inst. theol. elenct.*, 1.6.5.

que toma la revelación bíblica como punto de partida, y sobre ella construye argumentos racionales para refutar a quienes adoptan posturas diferentes.

Es por esto que en todos los currículos para estudios teológicos que la escolástica protestante produjo —y fueron muchos— el punto de partida —aparte de las primeras letras y otros estudios elementales— es el estudio de las lenguas bíblicas, así como de principios de exégesis e interpretación.

En cuanto a la dimensión práctica de los estudios teológicos, Gerhard declara que los estudios teológicos han de capacitar a la persona "dotada de un poder especial" [dado por Dios], para "enseñar la Palabra de Dios, administrar los sacramentos y mantener la disciplina en la iglesia, para que los humanos puedan convertirse y ser salvos, y para la gloria de Dios."[3] Y esto se vuelve principio fundamental en la *Teología teórico/práctica* del holandés Peter van Mastricht (1630-1706). En esa obra, la discusión de cada tema empieza por un amplio estudio exegético de los pasajes bíblicos pertinentes, para luego pasar a los aspectos polémicos del tema y concluir con una amplia exposición acerca de la importancia del tema debatido para la vida del creyente, tanto en cuanto a la moral como en cuanto a la devoción.

Por último, antes de pasar al racionalismo que vino a ser la contraparte del escolasticismo, es importante señalar que el puritanismo inglés bebió de las aguas del escolasticismo protestante y vino a ser su expresión inglesa —y luego norteamericana. También entre puritanos se propuso organizar el currículo teológico —entonces a nivel de estudios para obtener el bachillerato universitario— en torno a las lenguas bíblicas y eruditas (es decir, el latín, el hebreo y el griego) y por consiguiente en torno al estudio y exégesis del texto escriturario. A esto se sumaba, como en el caso del escolasticismo en el continente europeo, un énfasis en la lógica y en su uso para fines polémicos. Y, por último, la retórica ocupaba un lugar de prominencia, pues el propósito práctico de estos estudios era llevar a las congregaciones a un entendimiento

---

[3] *Loci theologici*, 6.10.

más claro de las Escrituras, a la purificación de las costumbres sobre fundamentos bíblicos, y a la práctica de la piedad.[4] Este modelo para los estudios teológicos, que los puritanos ingleses tomaron de la escolástica protestante, fue también el modelo que llevó a la fundación de la primera escuela de teología en lo que hoy son los Estados Unidos cuando, apenas dieciséis años después de su llegada, los "peregrinos" del Mayflower tomaron medidas para fundar la escuela de teología de donde surgió la presente Universidad de Harvard. Otras de las más antiguas universidades norteamericanas tuvieron orígenes semejantes. Y esto a su vez tuvo un impacto indeleble en la educación teológica protestante hasta el día de hoy. Pero sobre eso volveremos más adelante.

Al mismo tiempo que florecía el escolasticismo protestante surgía otra corriente intelectual frecuentemente antagónica tanto a ese escolasticismo como a buena parte de la teología tradicional, el racionalismo. Naturalmente, es imposible determinar la fecha exacta en que nació el racionalismo moderno. Pero algunas fechas y notas bastan para mostrar que, según avanzaba el siglo diecisiete, avanzaba también el racionalismo. Renato Descartes nació en el 1596. Según él mismo cuenta, su gran "descubrimiento" metafísico tuvo lugar en el 1619 (el mismo año en que se reunía el Sínodo de Dordrecht). Y su *Discurso del método*, una de las obras más influyentes en el desarrollo del racionalismo, fue publicado en el 1637. No es necesario repasar aquí todo el sistema cartesiano. Baste decir que, como principio metodológico, Descartes duda de todo lo que no pueda probar por medios estrictamente racionales. Aunque sobre la base de ese método Descartes afirmaba tanto la existencia de Dios como la del alma, el método mismo ponía en duda la autoridad de las Escrituras —autoridad que para los protestantes era fundamental. A partir de entonces,

---

[4] Sobre esto, véase John Morgan, *Godly Learning: Puritan Attitudes towards Reason, Learning, and Education, 1560-1640* (Cambridge, Eng.: Cambridge University Press, 1986), particularmente las pp. 103-117.

buena parte de los esfuerzos del escolasticismo protestante —así como buena parte de los esfuerzos de varios teólogos católicos— se centró en contrarrestar el racionalismo cartesiano.

Poco después del impacto de Descartes en la filosofía del continente europeo, surgió en Gran Bretaña el empirismo inglés. Aunque tuvo muchos precursores, su figura cimera fue John Locke (1632-1704). Locke y muchos de sus seguidores se mostraban escépticos en materia de religión. Al igual que Descartes y los cartesianos en el Continente, Locke y sus seguidores no negaban la existencia de Dios ni otros elementos fundamentales en la religión, pero sí limitaban mucho de lo que podía decirse acerca de Dios, y rechazaban toda autoridad religiosa no empírica —incluso por tanto la autoridad de las Escrituras. Pronto el deísmo, siguiendo las pautas trazadas por Locke y otros empiristas, propuso un "cristianismo simplificado" o una "religión universal" que se limitaba a temas tales como la existencia de Dios y del alma, la vida después de la muerte, y el pago o castigo tras la muerte por las acciones durante la vida.

Como era de esperarse, hubo buen número de cristianos que reaccionaron contra todo esto. Por ello, hubo círculos en los que el racionalismo le dio nuevo ímpetu al escolasticismo protestante, con sus certidumbres y su énfasis en la autoridad de las Escrituras. Pero hubo también quienes veían en el deísmo un modo de defender la fe frente a los ataques de otros racionalistas más escépticos. Fue así que el deísmo se fue abriendo camino, no sólo entre la población culta, sino también entre pastores y teólogos que lo preferían por encima del cristianismo tradicional y sus doctrinas, pero también del creciente agnosticismo de la época. Pronto hubo universidades y escuelas teológicas donde lo que se enseñaba daba muestras de buena medida de influencia deísta. Y por tanto, como veremos más adelante, hubo también quien reaccionó, no sólo contra ese deísmo, sino también contra las escuelas que parecían abandonar el cristianismo ortodoxo.

El período del escolasticismo protestante y del racionalismo vio también la obra del gran educador Jan Amos Komensky (1592-1670), generalmente conocido como Juan Amós Comenio. Obispo moravo quien pasó la mayor parte de su vida en Suecia,

Comenio se dedicó a proponer y defender nuevos métodos de educación, y esto le ha valido el título de "padre de la educación moderna". Esto se debe sobre todo a su gran obra *Didactica magna*, en la que expone todo un plan educativo, desde la niñez hasta los estudios avanzados. Además, con su *Janus linguarum reserata —La puerta de las lenguas abierta—*, publicado en el 1631, comenzó la publicación de una serie de libros de texto en los que aplicaba su método educativo. Ese método se centraba en la "enseñanza según la naturaleza", en la que, en lugar de los castigos que hasta entonces se empleaban, el aliciente al estudio sería el interés y curiosidad naturales de los niños y jóvenes. Además, se dice que fue él quien primero publicó un libro para niños con ilustraciones. Esto no es cierto. Pero sí es cierto que fue él quien primero empleó las ilustraciones como recurso educativo.

El sueño de Comenio era una educación universal en los niveles fundamentales, de modo que quien trabajara en el taller o en el campo tuviera al menos esa educación. Para llegar a los niveles más avanzados, el plan de Comenio tenía veinticuatro años de duración, todos ellos dirigidos al triple propósito del verdadero conocimiento, la verdadera integridad moral y la verdadera piedad. Esos veinticuatro años se dividirían en cuatro períodos: el primero, en el regazo materno; el segundo, la "escuela vernácula", a la cual todos los niños —varones y hembras— debían asistir; el tercero, la "escuela latina", que capacitaría a quienes, en lugar de dedicarse a las tareas del campo o del taller, se ocuparían de las labores administrativas; y, por último, la universidad, a donde acudiría solamente un número selecto de los mejores estudiantes, y cuyos estudios se ocuparían principalmente de la medicina, las leyes y la teología.

Comenio había leído tanto a Descartes como a otros racionalistas franceses e ingleses, y en buena medida era de ellos que tomaba su visión positiva del ser humano y su potencialidad que constituía la base de la "educación según la naturaleza". En esto se apartaba del escolasticismo protestante, tanto luterano como reformado, que insistía en la corrupción de la naturaleza humana a causa del pecado. Pero al mismo tiempo la propuesta de Comenio reflejaba elementos típicos del escolasticismo protestante.

El interés de Comenio estaba en la educación universal, y por tanto principalmente en los niveles básicos de la educación más bien que en los estudios avanzados —entre los cuales incluía la teología. Por ello, Comenio no llegó a desarrollar un currículo para los estudios teológicos. Pero al discutir esos estudios deja vislumbrar elementos tomados del ambiente escolástico. Así, por ejemplo, el método fundamental de los estudios universitarios —es decir, no sólo de los estudios teológicos, sino también de los de derecho y de medicina— ha de consistir en conferencias que el maestro dictará por la mañana, seguidas por la tarde de presentaciones sobre el mismo tema por parte de los estudiantes, con argumentos en pro y en contra de una tesis. Y esto se ve sobre todo en los exámenes finales, en los que —en los estudios de teología— un panel de profesores le planteará al estudiante un texto bíblico o de otra fuente. El estudiante deberá entonces decir de dónde procede, citar otros textos en los que se trata del mismo tema, unos con una posición y otros con la posición contraria, y ofrecer y defender la posición correcta.

Como se ve en todo esto, en Comenio se combina una teoría educativa profundamente influida por el racionalismo con una teología y una metodología teológica que son todavía reflejo del escolasticismo protestante.

En resumen, dadas las controversias y los enormes retos políticos y hasta militares de la época, los teólogos protestantes de las generaciones que siguieron a los primeros reformadores se dedicaron a sistematizar las doctrinas de los reformadores. Lo hicieron insistiendo siempre en el fundamento bíblico y las consecuencias prácticas y religiosas de toda labor teológica. Aunque se les ha acusado de volver a una teología muy semejante a la del escolasticismo medieval, lo cierto es que, al tiempo que hacían uso de la lógica aristotélica y de otros instrumentos y métodos de ese escolasticismo, lo hicieron permaneciendo fieles a los énfasis fundamentales de la Reforma. Puesto que uno de esos énfasis era la incapacidad humana ante Dios, esto ayudó a impedir que cayeran en un racionalismo excesivo, dándole demasiado crédito a la razón humana, aun en tiempos de un racionalismo creciente. En todo caso, por razón de su interés en las dimensiones "prácticas" —es decir las consecuencias para la vida devota— de la teología, y en la tarea docente de todos los ministros, estos teólogos se ocuparon muchísimo más que las generaciones anteriores de la organización y contenido de la educación teológica.

Por último, es interesante y significativo señalar que, al tiempo que este "escolasticismo protestante" se oponía radicalmente al catolicismo romano, en esa misma oposición vino a aprender y aceptar algo de él. En lo que se refiere a la educación teológica, bien vale la pena cerrar este capítulo con una cita de los estatutos de 1596 de una institución de educación anglicana, donde se ve la influencia de las imágenes empleadas antes por el cardenal Pole y por el Concilio de Trento, quienes primero se refirieron a las escuelas para pastores como "seminarios" o semilleros:

Respecto a la iglesia, [el colegio] ha de ser como un seminario [semillero] en el que deseamos se planten solamente las mejores semillas, y que allí, una vez sembradas, se les riegue con abundantes lluvias provenientes de todas las ramas del conocimiento, hasta que hayan alcanzado tal madurez que se les pueda trasplantar a la iglesia, para que ella se regocije con sus frutos...[5]

---

[5] Tomado de F.W.B. Bullock, *A History of Training for the Ministry of the Church of England and Wales from 1800 to 1874* (1955), p. 4.

14
La reacción pietista

Durante el siglo dieciocho surgió toda una serie de movimientos que pueden clasificarse juntamente bajo el encabezado de "pietismo": el pietismo propiamente dicho, el movimiento de los moravos dirigido por el conde Zinzendorf, el metodismo, bajo el liderato de los hermanos Wesley, y en cierto modo el Gran Despertar en Norteamérica. Se afirma comúnmente —y yo mismo he dicho—que el pietismo surgió como una protesta contra el intelectualismo de la ortodoxia protestante. Esto es correcto hasta cierto punto. Pero hay que cuidar de que no se entienda en el sentido de que los líderes pietistas eran anti-intelectuales, o que pensaran que la educación teológica de los ministros de la iglesia no fuera importante. Lo que les preocupaba del escolasticismo protestante no era el rigor intelectual, sino el hecho de que la predicación y la práctica pastoral resultantes no ayudaban a la feligresía a tener una experiencia del amor de Jesucristo, a profundizar en la fe y a mejorar en la obediencia. Los sermones se habían vuelto largas disquisiciones teológicas sobre puntos que no tenían relación aparente con la vida de los feligreses. Frecuentemente la verdadera audiencia de tales sermones no era la congregación presente, sino algún otro pastor o algún movimiento contra el cual el predicador dirigía el sermón. Así, los ortodoxos luteranos predicaban contra el modo en que los reformados entendían la comunión, y los reformados predicaban contra los luteranos y contra los arminianos, y todos los protestantes, tanto luteranos como reformados, predicaban contra el catolicismo romano. Se predicaba sobre el orden de los decretos divinos —por ejemplo, si el decreto de predestinación es anterior al decreto de la caída (supralapsarianismo) o si es posterior (infralapsarianismo)— y otras cosas por el estilo, que poco o nada tenían que ver con la experiencia religiosa de los fieles, y mucho menos con lo que significaba llevar una vida cristiana en la cotidianidad de los negocios, el hogar, etc. En consecuencia, para muchos de los fieles la fe se reducía a asistir a la iglesia —en muchos casos porque la ley, o al menos la sociedad, lo exigía— y a cumplir una serie de preceptos morales que coincidían con la moral común de la sociedad circundante.

Como hemos visto, esto no era lo que se habían propuesto los líderes del escolasticismo protestante al estructurar y dirigir sus planes de estudio. Al contrario, todos ellos incluían en esos planes las prácticas devocionales y el desarrollo del carácter, además de insistir en que toda la educación teológica debía tener el propósito de preparar a los estudiantes para el ministerio dentro de la iglesia. Además, varios de sus currículos incluían disciplinas prácticas tales como la homilética, la administración eclesiástica y la dirección del culto. Luego, aunque parecía necesario hacer algo respecto a la enseñanza teológica, esto no podía limitarse a algún cambio en los currículos o en los métodos de enseñanza, sino que tenía que ser más profundo. Por ello, en términos generales el pietismo no centró su atención primeramente sobre el adiestramiento de sus pastores, sino sobre la naturaleza de la fe y de la vida religiosa, para entonces pasar a la función de los pastores y la manera en que debían prepararse.

Aunque hubo muchos otros de ideas parecidas, comúnmente se le da a Philip Jakob Spener (1635-1705) el crédito de haberle dado inicio al movimiento. A pesar de ser luterano, Spener había estudiado en Ginebra, y por tanto se mostraba dispuesto a darles a las diferencias entre luteranos y reformados menos importancia que la que les daban los teólogos ortodoxos de ambas confesiones. Tras servir como profesor en la Universidad de Estrasburgo, Spener vino a ser pastor en la iglesia luterana de Fráncfort. Allí, en 1675, publicó la más famosa de sus obras, comúnmente conocida como *Pia desideria —Deseos píos*, aunque el título completo era bastante más largo, *Deseos píos, o un sincero deseo por una reforma de la verdadera Iglesia Evangélica agradable a Dios, junto a algunas sencillas propuestas cristianas dirigidas a ese fin*. Lo que es más, la primera edición de esta obra no era sino el prólogo a una serie de sermones por un colega de Spener de semejantes ideas. Pero el impacto de *Pia desideria* fue tal que casi inmediatamente se publicó como un tratado independiente, y pronto fue uno de los libros más leídos en Alemania. Tras una introducción, el escrito de Spener se divide en tres partes. La primera es un profundo lamento por las condiciones de corrupción en que vive la iglesia. Spener se duele de tener que señalar esa corrupción, pero siente que la iglesia está enferma, y que el único medio de sanar una dolencia es ver en qué consiste, para luego buscar el remedio y aplicarlo. La corrupción de que Spener se queja no es sólo el libertinaje sexual y el abuso económico, sino algo más profundo: se ha perdido mucho del verdadero entendimiento y práctica de la fe. Lo único que permanece incólume, en virtud de la gracia de Dios, es el amor divino manifestado y compartido en la Palabra y los sacramentos. Pero la Palabra no se predica de tal modo que llegue a los corazones de los fieles, y los sacramentos han perdido mucho de su significado para una feligresía que apenas sabe lo que es la verdadera fe.

La segunda parte es mucho más positiva. Puesto que Spener confía en la Palabra de Dios y en los sacramentos —y tras ambos en el infinito amor y la inagotable gracia de Dios—, confía también en el futuro de la iglesia. Combinando esta segunda parte con la primera, se ve que Spener no desconfía del llamado de la iglesia ni de su futuro, sino que sencillamente se duele de que tantos en la iglesia no vean ese llamado ni vivan conforme a ese futuro.

Empero fue la tercera parte de su escrito la que más interés despertó. En esa tercera parte Spener proponía seis pasos que deberían llevar a la renovación de la iglesia. El primero de ellos era volver a subrayar el uso y estudio de las Escrituras, no ya solamente como fuente de respuestas a cuestiones debatidas, sino también y sobre todo como guía para la vida. Esto debía hacerse, no solamente en las iglesias y escuelas, sino también en el seno de las familias, donde el estudio bíblico debía ser parte fundamental de la vida familiar. En segundo lugar, Spener proponía un redescubrimiento del sacerdocio de todos los creyentes. Bajo este acápite, se lamentaba del modo en que el ministerio ordenado se había posesionado del "sacerdocio espiritual" de todos los creyentes —tema sobre el que había escrito un tratado, *Das geistliche Priestertum*, en 1677. Al tiempo que le achacaba la culpa de esto al catolicismo romano, se quejaba de que los protestantes también se habían dejado llevar por esa corriente. Lo que era necesario entonces era hacerles ver a los creyentes que todos son sacerdotes ante Dios, y responsables por tanto del resto de los creyentes. En tercer lugar, Spener proponía que se distinguiera claramente entre el conocimiento del cristianismo y sus doctrinas y la práctica de la fe. Esto no quería decir que el conocimiento no fuera importante. Pero sí dejaba bien claro que tal conocimiento no es lo mismo que la fe vivida y experimentada. Esto era el fundamento para el cuarto punto, en el que Spener proponía que, al mismo tiempo que se defendiera la verdad, esto se hiciera de tal modo que las controversias fueran ejemplo de caridad cristiana y no —como generalmente sucedía— de amargura y falta de caridad.

Todo esto llevaba a los últimos dos puntos, el quinto y el sexto, que se relacionan más estrechamente con los estudios formales y con la preparación ministerial. El quinto punto era la necesidad de reformar las escuelas y universidades, de modo que se educara no sólo la mente, sino también el corazón. Hoy diríamos que el propósito de la educación no es sólo informar, sino también formar.

Aunque sin soslayar la educación general de todo el pueblo cristiano, Spener se muestra particularmente preocupado por la educación de quienes han de servir como ministros ordenados. Esto es importante para Spener, porque el único modo de renovar la iglesia es mediante la enseñanza y el ejemplo de sus líderes. Los candidatos al ministerio han de ser personas idóneas, y se les debe educar en escuelas y universidades en las que los profesores mismos sean guías y mentores que les lleven de la mano, mostrándoles qué necesitan saber y qué no —en contraste con los profesores cuyo principal propósito parece ser mostrar lo mucho que saben.

Y, por último, pero en estrecha relación con el punto anterior, Spener proponía que los sermones no fueran ocasiones para mostrar la erudición del pastor mediante citas en lenguas foráneas, ni su agudeza mental mediante bosquejos detalladamente ordenados. Tampoco debían ser lugar para dilucidar controversias sobre minucias teológicas, como si fueran dirigidos a otros teólogos y no a la congregación. Frente a esto, la predicación, al tiempo que fundamentada en el estudio cuidadoso del texto bíblico y en una exégesis responsable, debía servir para edificar el cuerpo de Cristo, apelando no sólo a la mente de los feligreses, sino también a su corazón.

Aunque buena parte de la fama de Spener se debió a su *Pia desideria*, lo que le dio forma al movimiento fueron las que él llamó *ecclesiolae in ecclesia* —pequeñas iglesias dentro de la iglesia— y *collegia pietatis* —escuelas de piedad. Aunque Martín Bucero y algunos otros desde tiempos de la Reforma habían propuesto algo semejante, el inicio de los *collegia pietatis* como tales data de un sermón de Spener en el año 1669 en el que invitaba a aquellos de entre sus feligreses que así lo desearan a reunirse el domingo por la tarde para aprender más de lo que se había predicado por la mañana y para cultivar su fe. Un grupo empezó a reunirse en casa de Spener los domingos por la tarde. Pronto hubo otras reuniones los miércoles, y de allí se pasó a crear núcleos de entre la congregación que se dedicaban a estudiar las Escrituras, explorar sus implicaciones para la vida diaria, y sostenerse mutuamente en fe y en obediencia al evangelio. Spener pensaba que en toda congregación había un núcleo de creyentes que deseaban vivir más profundamente su fe, y que constituirían entonces una *ecclesiola in ecclesia*, no con el propósito de considerarse mejores que el resto, sino para llamar a otros a profundizar también en su fe.

Por otra parte, en cierta medida el éxito del pietismo se debió al interés de Federico I de Prusia —y tras él de buen número de los gobernantes de la casa de Hohenzollern— en establecer vínculos y sobrepasar las diferencias entre el calvinismo de los Hohenzollern y el luteranismo estricto de la mayoría de sus súbditos. Para estos gobernantes, el pietismo, con su énfasis en la experiencia del corazón más que en los detalles de doctrina, podía contribuir a un acercamiento entre luteranos y calvinistas. Así, cuando en el 1690 el Elector de Sajonia exilió a Spener y a su más famoso seguidor August Hermann Francke, prohibió los conventículos que los estudiantes habían formado al estilo de los *collegia pietatis* y ordenó que no se les dieran becas a pietistas candidatos a órdenes, Prusia —la tierra de los Hohenzollern— les dio albergue y estableció la Universidad de Halle, que vino a ser el centro de difusión del pietismo tanto en Europa como, a través de su programa misionero, en el resto del mundo. Además, Federico I de Prusia prohibió que se predicara contra el pietismo.

Como hemos dicho, el más famoso de los seguidores de Spener fue August Hermann Francke (1663-1727). En el 1695, gracias a la recomendación de Spener, Francke vino a ser profesor de la Universidad de Halle, que había ayudado a fundar y donde vivió el resto de sus días. Francke había sido influenciado por las ideas de Spener cuando, a la edad de catorce años, se matriculó en la Universidad de Erfurt, y se unió a uno de los grupos de estudio bíblico que los estudiantes de esta universidad habían fundado al estilo de los *collegia pietatis* de Spener. Allí estudió filosofía, teología, retórica e historia de la iglesia, pero pronto centró su atención sobre las lenguas bíblicas. Pasó después a la Universidad de Leipzig, donde se graduó en 1685 y permaneció como docente. En Leipzig fundó el *collegium philobiblicum* —colegio de los amantes de la Biblia—, un grupo que se dedicaba al estudio cuidadoso de la Biblia, combinando un trabajo exegético estricto en las lenguas originales con la lectura devocional, y cuyo ejemplo pronto hizo surgir otros grupos semejantes por toda Alemania.

El *collegium philobiblicum* pronto vino a ser tanto complemento como rival de los estudios de teología en la Universidad de Leipzig. En ellos Francke daba conferencias teológicas en las que insistía en fundamentarlo todo en un análisis detallado del texto bíblico, y en relacionarlo todo con la vida práctica de devoción y servicio. Las conferencias, primero del propio Francke, y luego también de otros de semejantes convicciones, alcanzaron gran popularidad tanto entre los estudiantes de Leipzig como entre algunos pastores y laicos interesados en tales temas. El resultado fue que la Facultad de Teología de Leipzig les prohibió a sus estudiantes que acudieran a las conferencias del *collegium philobiblicum*. Por fin, ante tal oposición, Francke partió para ocupar un pastorado en Erfurt. Pero allí le siguieron varios de sus estudiantes de Leipzig, de modo que pronto la facultad de teología de Erfurt comenzó a sospechar del nuevo pastor y de sus enseñanzas —sobre todo porque también en Erfurt había estudiantes que preferían las clases de Francke por encima de los cursos oficiales de la Universidad. A ello se unió la noticia de que había mujeres asistiendo a las conferencias del *collegium*, lo cual era un escándalo para los profesores de la Universidad, así como para las autoridades.

Cuando, por todas estas razones y varias otras, las dificultades con el gobierno de Sajonia a que ya nos hemos referido le obligaron a abandonar esas tierras, Spener intervino a su favor, y logró que se le nombrara pastor en Prusia, así como profesor —sin sueldo— en la naciente Universidad de Halle, donde Francke permaneció hasta su muerte en el 1727. Allí fundó una escuela elemental para niños pobres, sostenida con donativos de sus seguidores, un *seminarium praeceptorium* para la formación de maestros de escuela elemental, un *seminarium inselectum* para maestros de materias más avanzadas, una escuela de internos para estudiantes que se preparaban para ir a la universidad, un albergue para estudiantes pobres y una casa editorial. Inspirado por todo esto, Federico Guillermo de Prusia fundó varias escuelas y programas semejantes, y decretó la educación obligatoria para buena parte de la población.

Al mismo tiempo que fundaba y organizaba todas estas instituciones, Francke dictaba en Halle conferencias semejantes a las que antes había dictado en Leipzig, aunque ahora con el apoyo de las autoridades tanto civiles como universitarias, de modo que pronto sus métodos se generalizaron en toda la Universidad. Esto hizo de aquella institución la universidad más prestigiosa de Alemania, de modo que veinticinco años después de fundada tenía una matrícula de mil doscientos estudiantes, todos interesados tanto en los estudios como en vivir su fe más profundamente, y la mayoría de ellos con vista a la ordenación y el ministerio pastoral y misionero —pues Halle vino a ser el centro de una vasta empresa misionera que bien puede considerarse el comienzo de las misiones protestantes, tarea de la que ni los reformadores ni los escolásticos protestantes se habían ocupado. Como parte de sus estudios, que debían tener pertinencia para la vida del pueblo, muchos de los estudiantes de teología de la Universidad de Halle trabajaban también como maestros y mentores en las diversas escuelas que Francke había fundado.

El currículo que tales estudiantes de teología seguían se fundamentaba en el estudio de la Biblia en sus idiomas originales, con cuidadoso trabajo exegético, y siempre con miras al significado del texto estudiado para la vida de fe, no sólo de los estudiantes mismos, sino también de toda la comunidad. Por ello, la educación teológica en Halle incluía un fuerte énfasis en la predicación y en la teología pastoral, no como cursos aparte de los demás, sino como parte del propósito de todo curso. Pero esto no quería decir que la dimensión práctica de los estudios actuara en desmedro de su dimensión académica. Así, en lo que a la Biblia se refiere, esos estudios debían incluir, además de la lectura de la Biblia en los idiomas originales, y de escribir comentarios sobre todos los libros de la Biblia sobre la base de esa lectura, el estudio de las "lenguas auxiliares" —es decir, de lenguas tales como el arameo y el árabe, que podrían ayudar a entender el texto bíblico. Además, ese currículo incluía cursos que se ocupaban más específicamente de la teología y de la historia de la iglesia, así como otros que debían redondear la educación del candidato al ministerio: estudios de geografía, historia, matemáticas, física, etc. Pero todo ello debía hacerse dentro de un firme código de conducta, pues el propósito de la educación no era solamente instruir, sino también formar el carácter. Además, esa disciplina debía servir para domar la voluntad y afirmar el dominio de sí mismo —en lo cual se escuchaban ecos del monaquismo medieval, así como del énfasis protestante en la corrupción de la voluntad a causa del pecado. La base de todo esto era el modo en que Francke, siguiendo a Spener, entendía el propósito de la educación, que era honrar a Dios, de modo que, como él mismo decía en su *Breve y sencillo tratado sobre la educación cristiana*, "toda buena instrucción ha de combinar la piedad con la sabiduría, llevando a un conocimiento de Cristo a través de la devoción, la oración, el estudio de la Biblia y el evangelismo."

Otro personaje importante en la historia del pietismo es el conde Nicolás de Zinzendorf (1700-1760). Formado tanto en el ambiente pietista de Halle como en el luteranismo más tradicional de Wittenberg, Zinzendorf no pudo estudiar teología, como siempre deseó, pues su familia le destinara al servicio civil y le obligó a estudiar leyes. Por esa y otras razones, la experiencia universitaria de Zinzendorf no fue siempre grata. Pero, a pesar de ello, Zinzendorf continuó sus estudios teológicos por cuenta propia, sobre todo leyendo el Nuevo Testamento en griego, y consultando a varios de los mejores eruditos bíblicos de su tiempo. Luego, aunque no escribió ni dijo mucho sobre la educación teológica per se, sí se ocupó de que los líderes moravos que vendrían a ser misioneros por todo el mundo se formaran en la Universidad de Halle. Además siempre vio el estudio como derecho de todo ser humano. Así, declaró que la labor educativa de los moravos seguía siempre dos principios fundamentales: "el primero, que todos son iguales, varones y mujeres, adultos y niños, los europeos y los nativos en los campos misioneros"; y el segundo, ayudar a los estudiantes "a encontrarse con Dios y con la vida que Dios les da."

En cuanto al metodismo, hay que recordar que Juan Wesley no pretendía crear una iglesia nueva, sino sencillamente revitalizar la fe de quienes ya pertenecían a alguna iglesia —casi siempre la Anglicana. Según su entendimiento, la ordenación que le importaba era la de la Iglesia Anglicana, cuyos pastores eran normalmente personas adiestradas en las escuelas teológicas del país —como el propio Wesley, quien estudió en la Universidad de Oxford. Luego, Wesley escribió poco acerca de la preparación o los requisitos académicos para la ordenación. Pero, cuando los ministros ordenados no bastaron para la labor de predicación y cuidado pastoral, Wesley sí estuvo dispuesto a reconocer y fomentar el ministerio de la predicación laica. Así en su diario del día 12 de abril del 1789, dice:

> Durante cincuenta años he seguido el mismo camino, no apartándome jamás de la enseñanza de la Iglesia [es decir, la de Inglaterra] ni de su disciplina, y [esto último] no por gusto, sino por necesidad. Luego, en el curso de los años me vi obligado, como he mostrado en otros

lugares: 1. A predicar al aire libre. 2. A orar extemporá-
neamente. 3. A crear sociedades. 4. A aceptar la ayuda
de predicadores laicos.

Luego, si la preparación para el ministerio ordenado no le
preocupó, sí se ocupó de la instrucción de los predicadores laicos.
Por ello, en 1757 escribió el tratado *Salvaguarda contra las ideas
erradas en religión*, que según él mismo dice en su diario de ese
año, fue "diseñado para el uso de todas las personas que están
bajo mi cuidado, pero sobre todo para la predicadores jóvenes."[1]
Por la misma razón, compiló y publicó la *Biblioteca cristiana*,
una colección de cincuenta libros que —aunque sin concordar
en todo con ellos— Wesley creía que todo predicador debía leer.

Esto era parte de un énfasis en la educación por parte de
Wesley, quien, aunque no escribió ni dijo mucho sobre la preparación académica de los pastores ordenados —es decir, de
quienes serían ministros anglicanos— sí se ocupó de la educación
del pueblo en general. La escuela que fundó en Kingswood vino
a ser modelo que pronto muchos imitaron —primeramente los
metodistas, y después los de otras tradiciones.

Todo esto es de suma importancia para entender el curso de
la educación teológica metodista, particularmente en la forma
del metodismo que floreció en Norteamérica y que a partir de
allí pasó al resto del mundo. Aunque el movimiento metodista
surgió en Inglaterra, se constituyó en iglesia independiente en
los Estados Unidos bastante antes que en Inglaterra. Ese metodismo norteamericano contaba con pocos pastores con el nivel
de educación que se esperaba de los ministros anglicanos. Según
el movimiento se fue extendiendo hacia el oeste —es decir, a las
tierras "fronterizas" arrebatadas a los indios— resultó imposible
proveer para los centenares de iglesias que iban surgiendo pastores formados según los antiguos cánones que habían seguido
los hermanos Wesley, Whitefield y los demás fundadores del metodismo. Era necesario proveer liderato pastoral para las nuevas
iglesias en lugares remotos, y esto se hizo siguiendo el patrón de

---

[1] *Diario*, 12 de abril, 1789.

los predicadores laicos que ya Wesley había empleado en Gran Bretaña. Los antiguos cánones educativos que se habían aplicado en Inglaterra no podían aplicarse al otro lado del Atlántico, con el resultado de que la preparación bíblica y teológica de muchos pastores dejaba bastante que desear. Para responder a ese reto, se iban desarrollando programas para que los pastores pudieran recibir y mejorar su educación teológica —programas que dieron en lo que hoy se llama el "Curso de Estudios"— con el resultado de que no todos los pastores metodistas se formaban en seminarios o escuelas de teología. Pero al mismo tiempo el viejo énfasis de Wesley en la educación en general, unido a circunstancias particulares en los Estados Unidos, llevó a los metodistas norteamericanos a emprender una amplia labor educativa, no solamente en asuntos bíblicos y teológicos, sino en todos los campos del conocimiento. Es por esto que hoy existen en los Estados Unidos —y en menor grado en otras regiones del mundo— centenares de universidades metodistas, o al menos fundadas por el metodismo. Y es por la misma razón que, al tiempo que la Iglesia Metodista Unida tiene una docena de seminarios, todavía buena parte de su clero —particularmente el procedente de las minorías étnicas y de las zonas rurales— no tiene estudios teológicos formales.

En resumen, todo esto nos lleva a señalar algunos puntos que es necesario tener en cuenta al hablar acerca del pietismo y su impacto en la preparación ministerial. El primero de ellos es que el énfasis en la necesidad de que esa preparación fuera práctica no era nuevo, pues como hemos visto los escolásticos protestantes, al desarrollar sus currículos y planes de estudio, insistían en la dimensión práctica de todas las doctrinas. Es importante recalcar esto, porque muestra que el declarar que la educación debe ser práctica no necesariamente la hace práctica.

El segundo es que, aunque se quejaban de la teología fría y puramente intelectual de las escuelas, los líderes de todo el movimiento pietista no se oponían a la educación, sino todo lo contrario. Si bien atacaban el intelectualismo de la escolástica, que tendía a pensar que las ideas y los sentimientos siempre corren a la par, estaban convencidos de que el evangelio merece estudio y que, de igual modo que el conocimiento no ha de confundirse con la fe, tampoco ha de confundirse la fe con la ignorancia.

El tercero es que, debido precisamente a su énfasis en el sacerdocio de todos los creyentes, el pietismo se preocupaba por la educación teológica de todos los fieles, aunque no una educación fría y puramente racional, sino una educación integral que uniera lo aprendido mentalmente con los sentimientos y con la práctica de la vida cristiana. Dentro del contexto del sacerdocio universal, la educación teológica ha de ser para todos los fieles, y la educación particular que han de recibir los ministros ordenados ha de ir dirigida específicamente a sus funciones como predicadores y maestros de la Palabra y administradores de los sacramentos.

15
La educación
teológica moderna

Buena parte del impacto del pietismo sobre la educación ministerial se debió a la obra de un pastor, teólogo y profesor que, aunque formado en un contexto pietista, también rechazó mucho de él. Se trata de Friedrich Schleiermacher (1768-1834), proveniente de una larga familia de pastores y capellanes reformados —su padre, sus dos abuelos y uno de sus bisabuelos. El padre de Schleiermacher había experimentado un despertar en su fe gracias a sus contactos con los moravos, y por tanto el joven Schleiermacher se formó en un hogar de tendencias pietistas hasta que sus padres le colocaron en una escuela morava y luego en el seminario moravo. Allí Schleiermacher leyó los escritos de varios filósofos de la Ilustración, así como de Spinoza y de Kant —todos prohibidos por el seminario, pero de gran interés para algunos de sus estudiantes. Por fin, en parte debido a esas lecturas, Schleiermacher le escribió a su padre diciéndole que no podía ya sostener varias de las doctrinas de los moravos, y que por tanto abandonaba sus estudios en el seminario. Pero no por ello dejó de admirar y retener algo de lo aprendido en su formación pietista. Varios años más tarde, en otra carta, declararía que "tras todo lo acontecido, he vuelto a ser moravo, pero ahora de un orden superior". En el entretanto, aun en medio de sus dudas, Schleiermacher pasó los exámenes necesarios para la ordenación en la Iglesia Reformada —aunque a duras penas pasó, en su segundo intento, el de dogmática o teología doctrinal— y sirvió como capellán en un hospital en Berlín. Allí trabó contactos con círculos románticos —pues el romanticismo estaba en boga entre las élites intelectuales alemanas. Fue mediante una combinación de sus raíces pietistas, sus inclinaciones románticas y sus lecturas de Kant —que le hacían ver que la religión no puede fundamentarse en el intelecto puro— que Schleiermacher llegó a su famosa postura, que la religión no es esencialmente cuestión ni de conocimiento ni de acción —ni de doctrina ni de moral— sino que el asiento apropiado para ella es el "sentimiento" —*Gefühl*. Fue sobre esa base que escribió primero sus *Discursos sobre la religión* —frecuentemente llamados sencillamente *Reden*— y su gran obra sistemática *Glaubenslehre —La doctrina de la fe*, a veces llamada también *La fe cristiana*.

Empero lo que más nos interesa aquí es su *Breve bosquejo de los estudios teológicos*, compuesto en 1811, poco después de ser nombrado profesor en la recién fundada Universidad de Berlín. (Schleiermacher había sido uno de tres miembros del comité que redactó los estatutos de la Universidad en 1810.) Fue allí que propuso un currículo en el que la teología se estudiaría bajo tres encabezados: teología filosófica, teología dogmática y teología pastoral. La primera se dedicaría a determinar lo que es el cristianismo como forma particular del sentimiento de dependencia de Dios, y su lugar en medio del contexto de otros sentimientos religiosos —razón por la cual frecuentemente se le acredita a Schleiermacher el haber abierto espacio en el currículo teológico para la filosofía de la religión y, a través de ella, para las religiones comparadas. Esta teología filosófica no se fundamentaría en la "teología natural" del deísmo, que resultaba insostenible después de las críticas de Hume y de Kant, sino en el "sentimiento de dependencia absoluta" que se encuentra en la raíz misma de la experiencia religiosa, y que toma forma particular en la fe cristiana.

El segundo campo de estudios, la teología histórica, se dedicaría a la vida y enseñanzas de la iglesia a través de las edades, así como de esa vida y enseñanzas en el momento presente. En este segundo campo teológico la dogmática ha de tener un lugar prominente. Lo que se entiende por "dogmática" es el estudio de las enseñanzas de la iglesia en un momento dado, y en particular de la iglesia en el presente. Su interés no está en relacionar el dogma con la filosofía —razón por la cual Schleiermacher insiste en

colocar el dogma bajo el encabezado de la teología histórica, y no
de la sistemática—, ni en apoyar ese dogma con consideraciones
filosóficas, sino en el dogma —en el mejor sentido de la palabra—
y su relación con el sentimiento de dependencia absoluta de Dios,
según la iglesia lo vive y expresa en un momento particular, gracias
a su relación con Jesucristo —pues la teología de Schleiermacher
es radicalmente cristocéntrica. Puesto que su propósito es servir a
la iglesia como comunidad concreta de fe, la dogmática ha de tener raíces profundas en esa comunidad de fe, no sólo en términos
generales o universales, sino también en el modo concreto en que
esa comunidad existe en un lugar y tiempo específicos —es decir,
en la iglesia de aquí y ahora. Esto no hace que la teología histórica
y la dogmática sean inferiores a la filosófica, pues el sentimiento
de dependencia de Dios se da siempre en medio de una comunidad —en el caso del cristianismo, de la iglesia en su relación con
Jesucristo. En resumen, la teología histórica es mucho más de lo
que hoy se entiende por esas palabras. Incluye en primer lugar
los estudios bíblicos, que tratan sobre los orígenes históricos y
las primeras expresiones de la fe cristiana. Después, incluye todo
el proceso que lleva desde los tiempos bíblicos hasta el presente
—es decir, lo que hoy entendemos por "historia del cristianismo"
e "historia de la teología". Y por último incluye la fe cristiana en
su expresión presente, como modo concreto y específico en el
que una comunidad de fe vive y experimenta el sentimiento de
dependencia absoluta de Dios según le ha sido legado por toda
la historia, desde los tiempos bíblicos hasta el presente. Tales estudios son absolutamente necesarios para entender el lugar que
tiene la iglesia del presente como expresión concreta del sentimiento de dependencia absoluta. En todo esto se ve un reflejo
del grado en que los estudios críticos e históricos dominaban el
escenario intelectual a principios del siglo diecinueve. En lugar
de rechazar esos estudios, como lo hacían los elementos más con-
servadores —incluso el pietismo tradicional que él mismo había
rechazado en su juventud— o de dejarse llevar por tales estudios
como si en el conocimiento resultante estuviera la esencia de la
fe, Schleiermacher les daba valor, no como conducentes al conocimiento de lo que es el cristianismo en su esencia, pero sí como

modo de entender cómo la vida de la iglesia, en expresión de su sentimiento de dependencia absoluta de Dios, se fue desarrollando hasta el presente, y cómo entonces la iglesia del presente vive y expresa ese sentimiento.

Por último, la teología práctica centra su atención en todo lo que es necesario para las funciones de un líder dentro de la comunidad de fe. Por esta razón, hay quien llama a Schleiermacher el "padre de la teología práctica", aun cuando lo que él entendía por esto no era toda la gama de disciplinas que hoy se incluyen bajo ese encabezado, sino más bien un modo de hacer teología que toma en cuenta la experiencia del sentimiento absoluto de dependencia según se expresa en la comunidad específica a la que se ha de servir, y que considera el modo en que ese sentimiento ha de nutrirse y manifestarse.

Para entender el modo en que Schleiermacher entiende y defiende los estudios teológicos universitarios, debemos tener en cuenta que se trataba del período de la Ilustración, que iba acompañada de un auge en la metodología científica. En la universidad moderna, para la cual la de Berlín sería el modelo, la ciencia reinaría, y campos tales como el de la teología tendrían que justificar su presencia. Irónicamente, la teología, que siglos antes le había dado origen a las universidades, ahora tendría que defender su lugar en el claustro universitario. Para ello sería necesario mostrar que la teología es una ciencia —una *Wissenschaft*, lo cual se puede traducir como "ciencia", aunque no necesariamente en el sentido de seguir el método de otras disciplinas, pero sí en el sentido de tener un método determinado y crítico. Esto es cierto de cada uno de los tres elementos de los estudios teológicos —los que Schleiermacher llama "teología filosófica", "teología histórica" y "teología práctica", y pronto los afectó a todos. La diversidad de opiniones en la filosofía de los siglos diecinueve y veinte produjo una enorme variedad de teologías filosóficas. Cuando la filosofía de Hegel dominó el pensamiento occidental, surgieron sistemas teológicos que pretendían que el cristianismo era la culminación de la dialéctica del Espíritu, según Hegel la entendía. Más tarde surgieron teologías que, aunque muy diferentes de las de los hegelianos, pretendían interpretar el cristianismo sobre la base de algún sistema filosófico —como se vio en el siglo veinte en el existencialismo de Bultmann y de Tillich y en la teología del proceso que se volvió popular en la segunda mitad del siglo veinte. Todas estas teologías seguían el espíritu de Schleiermacher y la Universidad de Berlín, haciendo de la teología una *Wissenschaft* o disciplina de carácter crítico.

Algo semejante sucedió en lo que Schleiermacher llamaba "teología histórica", en la que el método histórico-crítico echó abajo mucho de lo que antes se había dado por sentado tanto en la historia de la iglesia como respecto a la Biblia misma. Los historiadores y los eruditos bíblicos tenían que mostrar que sus estudios eran científicos, y por lo tanto el propósito de tales estudios no era ya ver lo que la historia o la Biblia significaban para la vida de la sociedad o de la iglesia, sino más bien llegar a un conocimiento "científico" de la Biblia y de la historia.

En este campo que Schleirmacher llamaría "teología histórica", esto produjo a la vez grandes adelantos y enormes pérdidas. En cuanto a los adelantos, no cabe duda de que el método histórico-crítico nos ayudó a entender mejor el origen de los textos bíblicos, así como de las prácticas y doctrinas de la iglesia. Sin esos adelantos, no sabríamos dónde colocar históricamente los textos de Isaías, ni el orden cronológico de las cartas de Pablo, ni la relación entre los diversos evangelios. La pérdida estuvo en que, al tiempo que se comprendían mejor los textos y los episodios formativos de la fe cristiana, cada vez se hacía más difícil saber qué hacer con ellos. Así, por ejemplo, los estudios neotestamentarios tomaron muy en serio lo que se llamó el "problema sinóptico", y hasta el día de hoy nos ayudan a entender la relación entre los tres primeros Evangelios. Pero esos mismos estudios tenían poco que decir acerca de las enseñanzas de los Evangelios, o de su pertinencia para la vida de la iglesia y de los creyentes. Tanto en los estudios bíblicos como en los históricos, el énfasis recaía sobre la objetividad. Verdadero biblista o verdadero historiador, digno de formar parte del claustro universitario, era quien podía estudiar la Biblia o la historia de la iglesia con la misma objetividad con que un entomólogo estudia un insecto bajo el microscopio. En todo esto vemos el impacto de la modernidad, con su énfasis en el conocimiento objetivo, comprobable, universal —y no fue sin razón que algunas tendencias liberales recibieron el nombre de "modernismo".

En el campo de la teología práctica, esto llevó en una de dos direcciones. Por una parte, esos estudios se fueron excluyendo de las escuelas de teología, como materia práctica más bien que crítica, y por tanto no digna de los claustros universitarios. Así, cuando en el año 1958 fui a estudiar en Estrasburgo, me sorprendí de que los estudiantes de la Facultad de Teología pasaran cuatro años estudiando Biblia, historia y teología, y que era sólo después de pasar exámenes en esos campos que acudían a la *Stiftung* —la "Fundación" o "Institución"— donde aprendían a predicar, dirigir el culto, pastorear, etc. Por otra parte, y en dirección contraria, en algunos casos, a fin de justificar su presencia en la universidad, los maestros de tales disciplinas siguieron el camino de una búsqueda de la objetividad frecuentemente inútil y hasta ridícula. Así, hace unos años mi esposa y yo nos topamos con un famoso profesor de homilética en una universidad alemana cuya fama se debía a haber desarrollado un método "científico" para evaluar sermones mediante la aplicación de una complicada fórmula matemática que incluía el conteo de ciertas palabras y la estructuración del contenido del sermón según ciertas formas geométricas.

Algo parecido, aunque sin llegar a tales extremos, sucedió en Gran Bretaña y en los Estados Unidos. En los Estados Unidos, que es de donde nos han venido nuestros modelos de educación teológica latinoamericana, puede verse un proceso paralelo al de las universidades europeas. Universidades tales como la de Harvard y Yale comenzaron como escuelas de teología —en realidad, como pequeños programas en los que algún pastor se reunía periódicamente con un grupo de candidatos para darles instrucción y mentoría. Pero en el siglo diecinueve el impacto del modelo europeo, al estilo del de la Universidad de Berlín, llevó a la expansión de esas escuelas en direcciones tales que las facultades de teología corrían siempre el peligro de verse marginadas, y en respuesta a ese peligro se veían en la necesidad de justificar su presencia mediante la insistencia en el método histórico-crítico y su objetividad.

En medio de todo esto, la explosión en conocimientos científicos, combinada con los resultados de los estudios históricos y críticos de la Biblia, tuvo tres consecuencias importantes. La primera de ellas fue el conflicto entre fundamentalistas y liberales. Si el liberalismo y el modernismo fueron resultado de la capitulación de los teólogos ante la modernidad, el fundamentalismo fue también una capitulación, aunque menos obvia, pues el fundamentalismo era tan moderno como el liberalismo en eso de buscar realidades objetivas, universales —sólo que, mientras el liberalismo las buscaba en un lugar, el fundamentalismo las buscaba en otro. Entre algunos liberales, la Biblia vino a ser poco más que un documento sobre las creencias primitivas de Israel y de la iglesia antigua, cuyo valor, aparte de su información sobre esas antiguas creencias, estaba en su belleza literaria o en la sabiduría de algunos de sus consejos. Entre fundamentalistas, se condenó todo lo que la ciencia moderna dijera que no concordara con una lectura literal, supuestamente objetiva y universal de la Biblia como si fuera un libro de ciencia. En unos pocos casos en los que los conocimientos modernos resultaban irrefutables, esos conocimientos se aceptaban, y entonces se buscaba el modo de que la Biblia no los contradijera. Un ejemplo de ello es la cuestión de cómo Josué detuvo el sol, cuando hoy sabemos que lo que se mueve en el transcurso entre el día y la noche no es el sol, sino la Tierra. Pero, excepto en esos pocos casos, el fundamentalismo rechazó buena parte de los descubrimientos y teorías de las ciencias modernas. Bien podría decirse que esto llevó a la "canonización de la ignorancia", en la que los teólogos y líderes religiosos insistían en sus posturas tradicionales, desentendiéndose por completo de los retos de la modernidad. Un ejemplo notable de ello es el del famoso teólogo Charles Hodge (1797-1878), de quien se dice que al jubilarse, tras largos años de enseñanza en el Seminario de Princeton, declaró que su gran motivo de orgullo era que durante todos esos años no había permitido que una sola idea nueva penetrara en el seminario.

El resultado de ese impacto fue variado, y sus repercusiones continuaron por largos años. En los Estados Unidos, escuelas fundadas para la preparación de pastores, como las de Harvard y

Yale (la primera fundada en el 1636, y la segunda en el 1701), se volvieron centros de investigación a la usanza de la Universidad de Berlín, y las escuelas de teología vinieron a ser una más —y ciertamente no la más reconocida— entre muchas otras. El College of New Jersey (hoy la Universidad de Princeton) apoyó la creación de una escuela de teología, pero cuando esta se fundó en 1812, por acción de la Asamblea General de la Iglesia Presbiteriana, se estableció como institución independiente. La historia de esa institución, y de sus rivales, es índice de los debates teológicos que tuvieron lugar a través de todo el siglo diecinueve y principios del veinte. Durante buena parte del siglo diecinueve, ese seminario se distinguió por su defensa de un calvinismo tradicional y ortodoxo, particularmente bajo el liderato del teólogo reformado Charles Hodge a quien ya nos hemos referido. Pero a principios del siglo veinte el debate entre el calvinismo fundamentalista y otros de postura más liberal llevó a la fundación de dos instituciones rivales. En el 1929, bajo el liderato de John Gresham Machen (1881-1937), varios profesores que se quejaban del liberalismo que les parecía reinar en Princeton se apartaron de él y fundaron el Westminster Theological Seminary, en la vecina ciudad de Filadelfia. En el 1936, cuando la Iglesia Presbiteriana continuó apoyando a Princeton, este grupo se apartó de ella y fundó la Iglesia Presbiteriana Ortodoxa. Pero exactamente un siglo antes ya hubo también otros que pensaban que Princeton era demasiado conservador, y fundaron lo que hoy es el Union Theological Seminary en Nueva York.

En segundo lugar, el desarrollo de las ciencias en los siglos diecinueve y veinte vino a complicar el currículo teológico mediante una enorme expansión en el campo de la "teología práctica". Lo que todavía en tiempos de Schleiermacher era una disciplina esencialmente teológica, dedicada a la reflexión crítica sobre la práctica del ministerio, se volvió ahora toda una serie de disciplinas prácticamente inconexas entre sí, y cada una fundamentada en alguna nueva disciplina secular. Así, la psicología, que gozó de gran auge tras los estudios de Sigmund Freud (1856-1939), Alfred Adler (1870-1937), Carl Jung (1875-1961), Erich Fromm (1910-1980) y otros, le dieron origen a la psicología pastoral, a veces llamada consejería pastoral, en la que se intentaba emplear los nuevos conocimientos psicológicos en la práctica pastoral. Algo semejante sucedió en el campo de la educación, donde las teorías de John Dewey (1859-1952) y otros vinieron a ser la pauta para la nueva disciplina llamada "educación cristiana". Más tarde, las nuevas teorías y prácticas en el campo de las comunicaciones hicieron su impacto en la homilética. Y algo semejante puede decirse respecto a la sociología, la economía y el desarrollo más reciente de las nuevas teorías y prácticas en la administración de empresas. Frecuentemente, tales disciplinas en el currículo teológico dependían más de sus congéneres seculares que del resto de los estudios teológicos. Rara vez se intentaba, por ejemplo, hacer una crítica bíblica y teológica de las prácticas de consejería surgidas en imitación de las prácticas seculares en la consejería y la terapia. De igual modo, hubo cursos de administración eclesiástica que sencillamente tomaban las últimas teorías en cuanto a la administración de empresas y las aplicaban a la administración de la iglesia, sin mayor crítica teológica.

También resulta interesante notar que, precisamente por esta falta de reflexión teológica, las nuevas disciplinas de la "teología práctica" lograron cierto auge por cuanto en ellas los debates teológicos entre fundamentalistas, liberales y quienes sostenían varias posturas intermedias parecían perder importancia.

En tercer lugar, la explosión del conocimiento en los siglos diecinueve y veinte llevaron a un proceso de especialización creciente. Hasta poco antes, había sido posible dominar buena parte de las disciplinas y conocimientos existentes. Así, las grandes figuras del Renacimiento podían aspirar a lo que llamaban "l'uomo universale", el ser humano universal, con lo que querían decir dominar todos los campos del conocimiento y todas las actividades humanas. Y en varios de los currículos a que nos hemos referido hasta este momento se aspiraba a que el candidato al ministerio supiera, no sólo Biblia y teología, sino también literatura clásica, historia, astronomía y hasta medicina. Pero ahora la explosión del conocimiento imposibilitó tales aspiraciones, y llevó a la especialización. Mientras en la antigüedad, y hasta tiempos relativamente recientes, una persona culta podía disertar y opinar sobre una variedad de temas y disciplinas, en tiempos de la modernidad esto se hizo imposible. La creciente especialización hizo que quien estudiaba zoología supiera mucho acerca de ese campo, pero poco de botánica, y nada de astronomía. Pronto surgieron entre los zoólogos mismos los entomólogos, los herpetólogos, y muchos otros; y el entomólogo sabía poco acerca de las serpientes, mientras el herpetólogo sabía poco acerca de los insectos.

En el campo de los estudios ministeriales y la práctica pastoral, esto tuvo cuatro consecuencias importantes. Una de ellas es que el ministerio ordenado ya no tiene la posición privilegiada que tuvo antes, cuando en cualquier pueblo o aldea el pastor era la persona más educada, y por tanto la persona a quien todos acudían en busca de dirección y consejo, no solamente en cuestiones religiosas, sino también en muchas otras. Hoy, debido al proceso de especialización, no hay expertos universales. Hoy el pastor o pastora se ve quizá como especialista en materia de Biblia y religión, pero solamente como uno de entre muchos especialistas en otros campos a quienes se acude según las necesidades del momento —al médico en tiempos de enfermedad, al abogado en tiempos de litigio, al arquitecto cuando hay que construir, etc.

La segunda consecuencia, en parte como resultado de la primera, fue lo que antes llamé la "canonización de la ignorancia". Puesto que hoy el cardiólogo puede declarar impunemente que no sabe de geografía o de física, así también el ministro puede declarar impunemente que su campo es la religión, y que por tanto sabe de Biblia y de nada más. Pero hay una enorme diferencia que es preciso señalar. En primer lugar, el cardiólogo que se declara ignorante en cuestiones de geografía y de física sí estudió física y geografía antes de llegar a la escuela de medicina. Su especialización no es tal que le haga verdaderamente ignorante en lo que se refiere al conocimiento en general. Al contrario, el cardiólogo confiesa que no sabe de física porque ha estudiado suficiente física como para reconocer lo que no sabe. Y, porque reconoce lo que no sabe, el cardiólogo no pretende aplicarle sus conocimientos médicos al campo de la geografía, sino que sabe reconocer los estudios de los geógrafos, aun cuando no los entienda en toda su profundidad. En contraste, el ministro que se refugia en su especialización para no saber nada más ni siquiera reconoce lo que no sabe, y por eso la "canonización de la ignorancia" lleva directamente a lo que podríamos llamar el "imperialismo bíblico", en el que el pastor, porque tiene la Biblia, pretende decirles a los científicos cómo han de conducir sus disciplinas. A consecuencia de ello, el mensaje del evangelio se aísla y se presenta e interpreta de tal modo que tiene poco que decirles a quienes no aceptan ese imperialismo bíblico. Es por eso que por todas partes encontramos grupos de personas cultas, cada cual con su especialidad, que se reúnen para compartir ideas, experiencias y conocimientos, pero rara vez los pastores forman parte de tales grupos. Su imperialismo bíblico, que no es sino la otra cara de su ignorancia canonizada, les aísla de quienes no reconocen su imperialismo pero sí reconocen su ignorancia, y de ese modo les impide verdaderamente traer su fe a colación en los diversos contextos de la vida humana.

La tercera consecuencia del proceso de especialización en todas las disciplinas se ve particularmente en las escuelas europeas y norteamericanas de más abundantes recursos. Esto es la especialización misma dentro del campo de los estudios teológicos y pastorales. El modelo que surgió entonces en los supuestamente mejores seminarios —es decir, en los que no se dejaban llevar por la canonización de la ignorancia— fue el de la especialización tanto en la enseñanza como en el ministerio. Con todo lo que hoy sabemos acerca de la Biblia, sus lenguas, sus orígenes, su transmisión, etc., y con todo lo que hoy sabemos acerca de la historia, y acerca de la psicología, y acerca de las comunicaciones, es imposible saberlo todo. Luego, mientras más especialistas tengamos mejor será nuestra enseñanza. Necesitamos un profesor o profesora de consejería pastoral, una persona que sea ducha en psicología, y por tanto si esa persona sabe poco o nada de Biblia o de teología o de historia o de educación, eso no importa. Siempre que sea especialista en su materia, con eso nos basta. Y la contraparte de eso es la especialización entre los estudiantes. Así, uno sabe de Biblia, pero no de predicación, y otro sabe de educación, pero no de teología, y otro se prepara para ser consejero, pero que no le pidan que predique.

Afortunadamente, la mayoría de nuestros seminarios en América Latina no tienen el tamaño ni los recursos necesarios para tal grado de especialización. Pero, tristemente, muchos ven en esto una deficiencia que debería corregirse, cuando sería mejor ver en ello una oportunidad para reflexionar sobre lo que debería ser la mejor educación teológica en nuestro contexto.

Por último, la cuarta consecuencia del proceso de especialización fue que el currículo teológico se dividió en compartimientos. En lugar de un proceso de formación global de la persona, el currículo teológico se volvió una serie de cursos, como una serie de requisitos que cumplir, y la dimensión de la formación global de la persona que practicaría el ministerio quedó relegada. Una vez más, aunque esto sucedió primera y principalmente en las escuelas europeas y norteamericanas, desafortunadamente muchos de nuestros seminarios en América Latina, inspirados en ese modelo, llegaron también a concebir el currículo como una serie de cursos relativamente independientes, prestándole cada vez menos atención a la formación global de los candidatos.

Todo esto también hizo su impacto en el campo de la literatura teológica. En las universidades y muchos seminarios, tanto en Europa como en Norteamérica, se considera que quien no investiga y publica en el campo de sus investigaciones no es digno de su posición magisterial. De ahí la frase que ha venido a ser de importancia crítica para la carrera de muchos profesores: "publish or perish" —o publicas, o pereces. Decíamos al principio que buen número de los libros sobre temas teológicos que hoy se producen no nos son de gran utilidad en la preparación ministerial. Ahora podemos decir que una de las razones de tal situación es que muchos de esos libros han surgido en respuesta, no a las necesidades de la iglesia ni siquiera de la sociedad en general, sino más bien a la necesidad de sus autores de publicar algo que les valga en sus carreras académicas. Puesto que por lo general tales publicaciones no se juzgan sobre la base de su pertinencia, sino de su originalidad y precisión, el resultado es un enorme número de libros escritos, no para la iglesia ni siquiera para el público en general, sino para impresionar a colegas en cuyas manos está el futuro del autor.

En toda esta discusión sobre la educación teológica moderna no nos hemos ocupado del catolicismo romano. Esto se debe a que los principios establecidos por el Concilio de Trento en el siglo dieciséis rigieron la preparación de los sacerdotes hasta bien avanzado el siglo veinte. La decisión de Trento, de crear "seminarios" para la instrucción y formación de sacerdotes, tuvo por consecuencia un clero altamente instruido, preparado para la polémica constante con los protestantes —sobre todo por cuanto el protestantismo contaba también con líderes altamente instruidos, formados en las universidades y escuelas de teología protestantes. En la aplicación de los decretos de Trento se distinguió San Vicente de Paul (1581-1660), quien fundó numerosos seminarios y subrayó la necesidad de que en tales instituciones se fomentara no sólo el conocimiento, sino también el desarrollo y formación espiritual.

Cuando el Segundo Concilio de Vaticano se reunió, la cuestión de la formación del clero no era parte de su agenda inicial. Pero según fueron avanzando las deliberaciones se vio la necesidad de tratar del tema, y por ello en el 1965, casi al final de sus sesiones, el concilio promulgó dos decretos, *Optatam totius* y *Presbyteriorum ordinis —Decreto sobre la formación de los sacerdotes* y *Decreto sobre el ministerio y vida de los sacerdotes*. En estos decretos, el concilio se limitó a asentar principios generales, ordenando que cada conferencia episcopal decidiera acerca del currículo específico necesario para cada región, y que esto sería sometido periódicamente a la Santa Sede para su aprobación. En cuanto a la antigua idea de "seminarios" o semilleros para la formación de jóvenes en vista al sacerdocio, sin negar lo decidido en Trento, ese nuevo concilio afirmó que los estudiantes de tales seminarios deberían estar en contacto con las realidades de la sociedad en general, y específicamente con sus propias familias. En cuanto al currículo mismo, el primer principio que ha de seguirse es que "los estudiantes reciban un adiestramiento cuidadoso sobre la Sagrada Escritura, que ha de ser como el alma de toda la teología". Y sobre esa base el concilio decretó que:

> El orden que ha de seguirse en el estudio de la teología dogmática es: los estudios bíblicos en primer lugar; luego,

los estudiantes han de aprender lo que los Padres de la
Iglesia, tanto occidental como oriental, han contribuido
a la fiel transmisión y clarificación de cada una de las
verdades reveladas; después han de estudiar la historia
posterior del dogma y cómo se relaciona con la historia
general de la Iglesia; y por último, a fin de arrojar tanta luz
como sea posible sobre el misterio de la salvación, han de
aprender a examinar más detenidamente, con la ayuda de
la especulación y con Santo Tomás como maestro, todos
los aspectos de ese misterio y su interrelación.[1]

Por otra parte, en vista de la triple función de los clérigos como
maestros, sacerdotes y pastores, se les ha de adiestrar, respecto a
lo primero, en el estudio y proclamación de la Palabra de Dios;
respecto a lo segundo, en el ministerio del culto y de la santificación a través del mismo; y, tercero, en el modo de conducir la vida
de los fieles y en el servicio a los demás.

En todo esto, las acciones del Segundo Concilio del Vaticano,
al tiempo que refrendaban lo hecho en Trento, tendían a subrayar
más el papel central de la Escritura y la relación entre el sacerdocio ordenado y el sacerdocio universal de los creyentes —relación
que el concilio no definió.

En resumen, en buena parte gracias al impacto de Schleiermacher, y también en parte como resultado de una serie de
circunstancias de las cuales la obra de Schleiermacher es reflejo,
la educación teológica moderna surgió de una combinación de
ciertos impulsos pietistas con el reto de la nueva mentalidad
científica y crítica. Pero pronto, tanto en las universidades europeas como en buen número de universidades y seminarios
norteamericanos, la dimensión crítica y científica fue eclipsando
el impulso pietista, de modo que en las supuestamente "mejores"
escuelas el principal criterio de evaluación vino a ser no tanto la
pertinencia para la iglesia y para el ministerio como el prestigio
de la escuela y de sus profesores entre los colegas universitarios

---

[1] *Optatam totius*, 16.

y de otros seminarios. Y el fundamento de juicio en tal prestigio vino a ser la originalidad y minuciosidad de la investigación y las publicaciones del profesorado, más bien que el impacto que los graduados de tales instituciones pudieran hacer sobre la iglesia o sobre la sociedad.

El énfasis en los estudios críticos, sobre todo respecto a la Biblia, fue uno de los elementos que llevaron al conflicto entre fundamentalistas y liberales, en el que los primeros rechazaban los estudios críticos, y los últimos les daban a tales estudios un valor absoluto y final. Así, al tiempo que los primeros canonizaban la ignorancia y fomentaban una especie de imperialismo bíblico, algunos de entre los últimos canonizaban la ciencia y fomentaban estudios y discusiones de poca pertinencia para la iglesia y para sus pastores.

Entre las universidades y escuelas teológicas, particularmente en los Estados Unidos, esto llevó a tensiones crecientes entre la academia y la iglesia. Por algún tiempo, algunas denominaciones se declararon a favor del fundamentalismo, rompiendo relaciones con quienes no pensaran como ellas, y condenando a los profesores que no concordaban con todas las decisiones eclesiásticas hasta en los más mínimos detalles. Por su parte, hubo entre algunas instituciones universitarias —incluso entre las creadas por las iglesias— una tendencia a apartarse de las iglesias.

Al tiempo que todo esto sucedía en Europa y los Estados Unidos, en América Latina la mayoría de las iglesias evangélicas estaban todavía supeditadas a sus iglesias madres —algunas de ellas estructuralmente, y todas en cuanto a su visión de la misión. Aun sin confesárnoslo, buena parte de lo que los evangélicos buscábamos en América Latina hasta bien avanzado el siglo veinte era imitar lo que se hacía en los Estados Unidos —o, si no, continuar lo que habíamos aprendido de los Estados Unidos, aun cuando tales cosas ya hubieran sido sobrepasadas allá.

Por ello nuestros seminarios fueron —y en buena medida siguen siendo— reflejo de las instituciones de educación teológica de las iglesias madres, sobre todo en los Estados Unidos, pero también en algunos casos en Europa. Si no hemos caído en los extremos de especialización de las escuelas teológicas norteamericanas, y si acá no se aplica el principio de "o publicas o pereces", ello no se debe tanto a que tales cosas nos hayan parecido inadecuadas, sino más bien a que, con los recursos disponibles, no nos era posible imitar a nuestras iglesias madres en ese punto.

Esa es la herencia que hemos recibido, y sobre la cual hemos de construir hoy.

16

La educación teológica
entre ayer y mañana

Tras nuestro rápido vistazo al curso de la preparación ministerial desde sus inicios hasta nuestros días, es tiempo de utilizar todo esto como fundamento para unas breves reflexiones acerca de la educación teológica en el día de hoy, y particularmente sobre los retos a que nos enfrentamos y algunas posibles respuestas a tales retos.

Repasando lo que hasta aquí hemos viso, lo primero que hay que subrayar es que los seminarios son un invento relativamente reciente, pues datan del siglo dieciséis. Durante los quince siglos anteriores, no hubo seminarios. Sí hubo universidades en las que se estudiaba teología. Pero el propósito de esos estudios no era prepararse para ocupar el pastorado, sino sencillamente profundizar en la fe, y en algunos casos combatir doctrinas que se consideraban heréticas. Todo esto quiere decir que, por mucho que amemos estas instituciones que llamamos seminarios o escuelas de teología, y por mucho que puedan ser parte del ser de la iglesia hoy, no son parte de la esencia de la iglesia. La iglesia puede existir, y por quince siglos existió, sin seminarios. Lo que es más, no fue sino en tiempos de la Reforma, en ese mismo siglo dieciséis, que las iglesias, tanto las protestantes como la católica, dieron pasos para comenzar a requerir ciertos estudios antes de la ordenación.

Pero, como contraparte de eso, hay que decir también que en sus mejores tiempos la iglesia tuvo un ministerio educado, y que una de las características de los peores tiempos ha sido siempre la ignorancia por parte del clero. En la iglesia antigua, se elegían obispos o pastores a personas que tenían cierto grado de educación —al menos, aun en tiempos de un alto índice de analfabetismo, y hasta en las comunidades más pequeñas y apartadas, personas que sabían leer. Todos los grandes líderes de la iglesia antigua fueron personas altamente educadas. Buena parte de ellos había estudiado retórica, que en esa época era lo que se estudiaba principalmente en las escuelas, y su compromiso con el evangelio les llevó a estudiar más acerca de la fe y las Escrituras —en algunos casos, como el de San Agustín, aparte de deseo o aspiración alguna a la ordenación, y en otros casos, como el de San Ambrosio, después de la ordenación, para cumplir mejor con las tareas ministeriales.

Combinando estos dos elementos —por una parte, la falta de escuelas y de requisitos académicos y por otra parte, la importancia de la educación y de la teología—, en la iglesia antigua se acostumbraba que cuando alguien era electo para ser obispo o pastor de una comunidad tenía que darles muestras de su capacidad teológica a sus colegas en ciudades vecinas antes de ser ordenado. Luego, aunque no se exigía ni había estudios formales de teología, sí se exigía claridad y corrección teológica y bíblica para la ordenación.

Pero hay otro elemento que frecuentemente pasa desapercibido, y que debería llevarnos a serias reflexiones acerca de la relación entre los estudios y la ordenación. Para la mayoría de nosotros, los estudios teológicos son una especie de preparación para el ministerio ordenado —así como los estudios médicos son una preparación para la práctica de la medicina. Por ello, muchas de nuestras discusiones acerca de la educación teológica giran en torno a qué requisitos mínimos han de exigirse para la ordenación, cómo ayudar a nuestros pastores y pastoras a estudiar, etc. Todo esto puede ser importante; pero en realidad se fundamenta sobre un entendimiento errado de la razón por la que se han de hacer estudios teológicos. Los estudios teológicos no son la especialización del ministerio ordenado, como los estudios médicos son la especialización de los galenos, sino que han de ser el modo en que la iglesia y todos sus miembros, tanto en conjunto como individualmente, expresamos nuestro amor a Dios, como dice el mandamiento, "con toda nuestra mente". Quien estudia Biblia, no lo hace porque se le exija para la ordenación, sino porque en ella encuentra la Palabra de Dios para su vida y para la vida de la iglesia. Quien estudia teología, no lo hace para pasar un examen, sino para aprender a verlo todo —incluso la vida de la iglesia— a la luz de la Palabra de Dios. Quien estudia la historia de la iglesia, no lo hace porque alguien se lo exija, sino porque esa historia es su herencia —algo así como las historias de nuestras familias que aprendimos en el regazo de nuestras abuelas. En nuestro repaso, esto es lo que hemos visto en casos como el de San Agustín, quien estudió teología, no para que se le ordenara, sino porque su misma fe le impulsaba a ello. Es lo que vemos en las palabras de San Anselmo: "deseo comprender tu verdad, aunque sea imperfectamente, esa verdad que mi corazón cree y ama". Y es lo que vemos en toda la iglesia antigua, en la que la principal forma de educación teológica era el catecumenado —educación que algunos continuaban porque su fe les llevaba a ello, con el resultado de que algunos de entre ellos eran elegidos pastores.

La consecuencia de olvidarnos de esto ha sido crear todo un sistema de educación teológica aparte e independiente de la educación cristiana, con el resultado inevitable de que el laicado llega a considerar los estudios teológicos cuestión de especialistas. Y así se pierde la dimensión fundamental de los estudios bíblicos y teológicos como parte de la vida de fe de todo el pueblo de Dios, como expresión del amar a Dios con toda nuestra mente.

Y el remedio contra ese olvido no puede ser menos que una transformación radical en la educación teológica —transformación que no se ha de limitar a cuestiones de currículo o de medios de comunicación y de evaluación, sino que ha de llevar a una nueva visión de la educación teológica. En esa nueva visión, toda la vida cristiana es, entre otras cosas, una vida de estudio y reflexión teológica. Esto ha de resultar en una continuidad ininterrumpida entre la educación cristiana que se imparte en la iglesia local y la que reciben los estudiantes más avanzados de teología. Todo creyente —y no sólo quienes aspiran a la ordenación— ha de aprender cuanto pueda de la Biblia, de la teología, de la historia de la iglesia, de la práctica de la fe en el mundo contemporáneo.

Siguiendo con nuestro repaso, hay otros dos elementos que debemos subrayar en cuanto a la preparación ministerial durante los primeros siglos de la iglesia. El primero de ellos es el lugar que pronto vinieron a ocupar los mentores pastorales y teológicos. Uno de los casos más notables es el de Ambrosio, al mandar a buscar a Simpliciano cuando se le obligó a ser ordenado. Pero hay muchísimos otros casos que cabría mencionar. El segundo elemento digno de mención en la iglesia antigua, y sobre todo al pasar al medioevo, fue la existencia de ciertos escritos cuyo propósito era la instrucción del clero. Me refiero a libros tales como el *De las tareas del clero* de Ambrosio, la *Regla pastoral* de Gregorio y las *Instituciones* de Casiodoro. Aunque en tiempos más recientes, debido a la mayor facilidad para adquirir libros, esto no se subrayó de igual manera, cabe mencionar que el *Loci theologici* de Melanchthon y la *Institución de la religión cristiana* de Calvino vinieron a ser obras de lectura obligada, la primera entre luteranos y la segunda entre reformados. Y Juan Wesley compiló y publicó su *Biblioteca cristiana*, con cincuenta títulos que Wesley instaba a todo creyente —y ciertamente a sus predicadores— a leer y estudiar.

Al llegar a la Edad Media, vemos el desarrollo de las escuelas: primero las escuelas monásticas, luego las catedralicias y por fin las universidades. Aunque el propósito primordial de tales escuelas no era la preparación de ministros y clérigos, de ellas surgieron varios de los más destacados ministros de la Edad Media. Cuando en tiempos de la Reforma el Concilio de Trento decretó la formación de "seminarios" para la preparación del clero, lo que se entendía por esto era la creación de comunidades de estudio y formación semejantes a las antiguas comunidades monásticas. Pronto el protestantismo comenzó a seguir el mismo patrón, sobre todo en los Estados Unidos y en Gran Bretaña, de modo que los seminarios protestantes vinieron a ser centros de estudio en los que la vida comunitaria era parte de la formación del clero. Es por esa razón que hasta el día de hoy, entre muchos evangélicos tanto en América Latina como en otras partes del mundo, la visión de un seminario ideal incluye la vida en comunidad.

La Reforma y las muchas polémicas que suscitó, hicieron que se le prestara mucha más atención a la preparación de los ministros, tanto católicos como protestantes. Esto fue particularmente cierto a partir del siglo diecisiete, cuando el escolasticismo protestante y la polémica antiprotestante entre católicos requerían que los ministros tuvieran una sólida preparación teológica. El resultado de esto fue que ya para ese siglo varias denominaciones tenían requisitos académicos que los candidatos debían llenar antes de la ordenación, y en muchas otras en las que tales requisitos no eran absolutos se esperaba al menos que quienes pudieran hacer esos estudios los hicieran.

El pietismo del siglo dieciocho, ejemplificado en la Universidad de Halle y en el metodismo de los hermanos Wesley, al tiempo que sostenía posiciones teológicas ortodoxas, insistía en la necesidad de una teología y una predicación más dirigidas al corazón, y no sólo a la mente. Como parte de esos movimientos la Universidad de Halle se tornó un centro de preparación para misioneros, y el metodismo estableció buen número de escuelas, no sólo para la educación del público en general, sino también para la preparación de sus predicadores.

El siglo diecinueve, con su énfasis en las ciencias y en el pensamiento crítico y objetivo, resultó en la fundación de nuevas universidades como la de Berlín, y en la reforma de otras en las que esos criterios debían aplicarse en todas las disciplinas. En el campo de la teología, esto fue apareado con estudios teológicos más críticos y racionales, pero también más apartados de las necesidades de las iglesias y de los púlpitos.

En todo ese proceso, la educación teológica en lo que antes se llamaban tierras misioneras, o entre las "iglesias jóvenes", tendió a seguir los patrones de sus iglesias madres y de la educación teológica en las tierras de donde los misioneros procedían. Por ello la visión de un seminario que por largo tiempo tuvimos —y todavía muchos tienen en América Latina— era una institución semejante a los seminarios norteamericanos donde se habían formado muchos de los misioneros, y a donde iban a estudiar aquellas personas que se preparaban para regresar a sus países de origen y allí dedicarse a la educación teológica.

Hoy hay una serie de factores que nos llevan a cuestionar esos patrones. Algunos de ellos se han mencionado antes, y otros son relativamente nuevos, de modo que se nos hace más difícil ver cuáles serán sus consecuencias. Entre los factores que mencionamos antes, el primero que hay que tener en cuenta es la continua especialización y ampliación de los conocimientos humanos. Cada día más, lo que cualquiera de nosotros pueda saber no es sino una pequeñísima fracción de los conocimientos humanos. Por mucho que un pastor o pastora sepa, y por muchos estudios que tenga, siempre habrá en su congregación varias personas que en algún campo sabrán más que el pastor y la pastora. Lo que es más, en los estudios teológicos mismos ha habido una explosión del conocimiento tal que ni siquiera dedicando toda la vida, por ejemplo, al estudio del Evangelio de Mateo, es posible saber todo lo que hoy se sabe, se discute y se va descubriendo acerca de él.

Esto nos deja dos alternativas, antes mencionadas, pero que es importante reiterar. La primera de ellas es decir que nuestros estudiantes serán especialistas en Biblia y teología, y que por tanto no tienen que saber nada sobre otros temas. Esa es la opción que he llamado la canonización de la ignorancia. Sobre la base de tales posturas, el pastor puede estar seguro de sus conocimientos. Su tarea no es más que la de afirmar y reafirmar lo que la Biblia dice y lo que su tradición teológica—sea católica, luterana o reformada—le ordena enseñar. Desde el pináculo de sus conocimientos bíblicos y teológicos, tal pastor puede emitir juicio sobre cuanto tema surja —sea una cuestión de biología, de psicología, de economía, o de cualquier otro tema. Para emitir tal juicio, no tiene que saber sobre el tema en cuestión, pues la autoridad de la Biblia se utiliza para canonizar la ignorancia. El teólogo o pastor aborda entonces cualquier tema en discusión como los conquistadores españoles llegaron a estas tierras: convencido de que, porque tienen la verdad, no tienen por qué escuchar a la sabiduría que los demás puedan aportar. Es por ello que me he referido a tales actitudes como "imperialismo bíblico": la Biblia se torna instrumento de control o, si se quiere, de conquista y colonización.

La otra opción es mucho más difícil. En esa otra opción, lo que la educación ministerial ha de buscar no es sólo que los candidatos a órdenes conozcan la Biblia y sepan teología, sino también y sobre todo que sepan cómo utilizar esos conocimientos de tal modo que fomenten el diálogo con el resto de los conocimientos humanos. Esto es bastante más difícil, al menos por dos razones. La primera de ellas es que frecuentemente lo que las iglesias demandan son sencillamente personas que conozcan y sostengan las doctrinas de la iglesia, y que tengan las destrezas necesarias para pastorear una congregación. La segunda razón es sencillamente que es mucho más fácil enseñar a las personas lo que deben pensar que enseñarles a pensar. Pero, a pesar de ser difícil, es absolutamente necesario. Ningún profesor de seminario, y ningún líder eclesiástico, sabe a qué nuevas circunstancias se enfrentarán la iglesia y los creyentes en unos pocos años. Si estamos preparando líderes para esos tiempos venideros e ignotos, no basta con decirles lo que han de pensar y lo que han de hacer, sino que también hay que adiestrarles de tal modo que sepan responder a cualquier circunstancia o reto inesperado sobre sólidas bases bíblicas y teológicas. Si no preparamos tales líderes, cuando tales retos y circunstancias aparezcan la iglesia no sabrá cómo responder a ellos, y en consecuencia tanto la iglesia como su mensaje parecerán irrelevantes y quedarán marginados.

Todo esto implica también que, por muy buena que sea la instrucción y adiestramiento en nuestros seminarios y otras instituciones de preparación ministerial, tal instrucción y adiestramiento serán insuficientes para quienes se gradúan hoy y estarán sirviendo todavía como pastores y pastoras a mediados del siglo veintiuno. Eso quiere decir que la educación teológica no puede terminar con un certificado, diploma o título. Tales documentos, frecuentemente vistos como afirmación de que se han completado los estudios, hoy no pueden ser más que una certificación de que se está capacitado para servir al momento, y para seguir estudiando.

Otro tema que ha aparecido frecuentemente en nuestro repaso histórico es el de una comunidad de estudio y formación. En las cartas de Cipriano en el siglo tercero, vemos referencias a la preparación de nuevos líderes, aparentemente en comunidad con los que ya lo son. Ciertamente, en la comunidad fundada por Agustín en Hipona, que luego sirvió de modelo para los canónigos de San Agustín o monjes agustinos, vemos esa dimensión comunitaria. Esa dimensión aparece también en las escuelas monásticas del medioevo, así como en las escuelas catedralicias y, en buena medida, en las primeras universidades, que eran conglomerados de casas o comunidades de estudio —por ejemplo, las de los dominicos y de los franciscanos en París, Oxford y Salamanca. En algunas de las universidades modernas, en las que dominaron la competencia y los logros individuales, se perdió bastante de ese espíritu comunitario. Pero varias de esas universidades —como la de Oxford— continuaban su vieja organización en torno a "colegios" que eran en realidad núcleos de vida comunitaria.

Los seminarios modernos continuaron ese énfasis en la vida comunitaria, de modo que nuestra visión tradicional de un seminario es una comunidad residencial donde los estudiantes y sus familias viven juntos, adoran en conjunto con cierta frecuencia y regularidad, comen juntos al menos algunas comidas, tienen programas de recreación en conjunto, etc. En todo esto, nuestra visión de un seminario tradicional refleja la herencia de las antiguas escuelas monásticas, donde todos vivían en comunidad, tenían horas fijas y regulares de oración, comían juntos, y tenían períodos específicos para la recreación en conjunto.

Ese modelo de educación ministerial en un contexto comunitario tiene sus valores y sus peligros. Entre sus valores, el más obvio es que facilita el proceso de formación de la disciplina y del carácter. En tales circunstancias, la comunidad misma —tanto los estudiantes como el profesorado— se vuelve oportunidad para desarrollar disciplinas de estudio y devoción, y para practicar y desarrollar hábitos y modos de relacionarse con otras personas y de responder a ellas. No cabe duda de que tales disciplinas y hábitos son necesarios para la práctica del ministerio. Por otra parte, el nombre mismo de "seminarios" nos debería alertar al principal peligro de este modelo de educación teológica. En su uso inicial, un "seminario" era un "semillero". En un huerto, el principal propósito de un semillero es sembrar las plantas en un ambiente protegido donde sea fácil controlar la maleza y los insectos, para luego trasplantarlas al lugar donde han de crecer. Fue así que se concibieron los "seminarios" en el Concilio de Trento. Y es así que frecuentemente funcionan —o se espera que funcionen—

nuestros seminarios residenciales hoy. Esta es la visión de algunos líderes eclesiásticos que insisten en que los seminarios resguarden a sus estudiantes de toda "contaminación" con ideas foráneas. El problema está en que al trasplantar al candidato así formado a la vida real en el resto de la sociedad, frecuentemente resulta que la vida misma del "semillero" le dificulta regresar a esa sociedad más amplia en la que ha de llevar a cabo su ministerio.

En los últimos años, el modelo de educación comunitaria y residencial —o, si se quiere, el modelo semimonástico— se ha ido volviendo cada vez más difícil y hasta insostenible. Esto se debe a varias razones que todos conocemos: Mientras antes la casi totalidad de los estudiantes eran varones solteros, ahora la mayoría tienen familias, y esto en sí dificulta el modelo semimonástico. Además las iglesias carecen de los fondos necesarios —o no quieren invertir los fondos necesarios— para sostener tales comunidades semimonásticas, sobre todo en vista de las mayores necesidades económicas de los estudiantes con familias. Muchos estudiantes tienen que ganarse el pan en algún trabajo secular, y solamente pueden estudiar a tiempo parcial. Las familias mismas, los estudios de los hijos y el trabajo de los cónyuges de los estudiantes dificultan el mudarse a vivir al seminario. Por todas esas razones, y muchas otras, vemos que el modelo de seminario residencial al estilo de las antiguas escuelas monásticas va desapareciendo —o al menos va perdiendo importancia relativa a otro modelo en el que los estudiantes cursan sus estudios por las noches y los fines de semana, o en programas de extensión, o a través de la internet.

Al comparar estos nuevos modelos con el antiguo modelo residencial, vemos que esos nuevos modelos también tienen sus valores y sus peligros. Su principal valor es que, a diferencia de lo que sucede en un seminario/semillero, los estudiantes siguen formando parte activa de la sociedad en que han de llevar a cabo su ministerio. Esto es cierto, no sólo de su vida en la sociedad, sino también de su vida dentro de la iglesia, que normalmente tiene lugar dentro del contexto real de una congregación y no —como a veces sucede en el seminario— dentro del contexto de una comunidad en cierta medida artificial. En otras palabras, se evitan las dificultades del trasplante del semillero al lugar en que la planta ha de crecer. Pero, por otra parte, estos nuevos modelos tienen el enorme peligro de que se pierda el carácter de la educación teológica como formación —formación de la disciplina, de los hábitos y del carácter. En estos nuevos modelos, es fácil caer en la ilusión de que la preparación ministerial consiste en una serie de cursos que el candidato debe completar. O dicho de otro modo, que la preparación ministerial es solamente cuestión de instrucción, y no de formación. Es relativamente fácil instruir a una persona a distancia, ya sea por correo como se empezó a hacer en la segunda mitad del siglo veinte, o por internet, como se hace hoy. Ciertamente, debido a la rapidez y agilidad de la comunicación cibernética, la internet ofrece más oportunidades de interacción que los cursos por correspondencia. Pero siempre tenemos que preguntarnos: ¿Será suficiente? ¿Cómo podemos asegurarnos de que lo que se aprende mediante el uso de la internet no sea solamente el contenido de los cursos, sino también los hábitos, disciplina y conducta que son tan importantes para el ministerio como cualquier conocimiento?

Ya que mencionamos la internet, me parece importante que reflexionemos sobre lo que este nuevo método de comunicación y de información implica para la educación ministerial. Como inicio para tal reflexión, cabe sugerir que lo que está aconteciendo en nuestros días es semejante a lo acaecido en el siglo dieciséis, cuando la invención de la imprenta multiplicó el número de libros y su accesibilidad a un público cada vez más extenso. Martín Lutero fue uno de los primeros en utilizar los nuevos recursos de la imprenta para la difusión de sus ideas, y mediante esa difusión socavar la autoridad y el poder de las autoridades tradicionales que trataban de sofocar esas ideas. El impacto de Juan Calvino a través de su *Institución de la religión cristiana* fue mucho mayor que el de su labor reformadora en Suiza. Pronto comenzaron a circular, en número siempre creciente, libros que proponían toda suerte de doctrina. Luego, una de las grandes preguntas que las iglesias tuvieron que hacerse fue cómo asegurarse de que la gran variedad de libros y de doctrinas no descarriaran al pueblo y hasta a sus pastores. Ante tal pregunta, la respuesta de la Iglesia

Católica fue el *Índice de libros prohibidos*, publicado por primera vez en el 1559, y repetidamente puesto al día según iban apareciendo nuevos libros cuyas doctrinas u opiniones la Iglesia condenaba —hasta el 1948, cuando se hizo la última revisión. Pero a la postre esto no dio el resultado apetecido, pues era imposible mantenerse al día con el creciente número de libros publicados en todas partes del mundo, y con toda suerte de doctrinas. Además, como frecuentemente sucede en tales casos, la prohibición misma de algún libro despertaba la curiosidad, y llevaba a muchos a leerlo precisamente porque estaba prohibido. Aunque algunos protestantes siguieron un camino paralelo, la mayoría de ellos optaron por un camino más difícil, pero a la postre más efectivo. En lugar de prohibir la lectura de libros que sostenían doctrinas o enseñanzas opuestas a las de la iglesia, lo que se buscaba era capacitar a los líderes de la iglesia, y a toda la iglesia en la medida de lo posible, para juzgar sabiamente acerca del valor de algún libro y de la verdad o error de lo que en él se decía. En cierto modo, la primera opción es paralela a la del seminario/semillero, donde se trata al estudiante como a una planta débil a la que hay que proteger de malezas y alimañas, mientras que la segunda opción llevó a una educación teológica cuyo propósito no era guardar al estudiante de las alimañas de la falsa doctrina, sino capacitarle para reconocerlas y combatirlas.

Algo semejante, pero con creces, sucede hoy con la internet. Busque usted cualquier tema, y encontrará sólidos estudios y discusiones sobre él, pero encontrará también mil barbaridades carentes de todo fundamento. Busque, por ejemplo, "Jezabel", y podrá aprender quién fue Jezabel, cuál su origen, cuál su importancia para la historia de Israel, cuál el significado de su nombre, etc. Pero también encontrará que cualquier iglesia que no sea la de cierto Fulano que se declara apóstol es "la iglesia de Jezabel". Allí, en la internet, podemos buscar sólidos estudios sobre la escatología de Calvino. Pero podemos encontrar también a otro Mengano que nos dice que faltan exactamente tres años, dos meses, cuatro días y cinco horas para la segunda venida. Podemos encontrar profundas meditaciones cristológicas, y podemos encontrar también a un Zutano que nos dice que él es a la vez Jesucristo y el 666.

Y lo peor no son esos extremos, fácilmente sometidos al ridículo de lo absurdo. Lo peor es que hay buen número de errores envueltos en ropajes de sana doctrina, y buen número de falsedades arropadas en vestimentas de verdad. ¿Cómo han de distinguir nuestros líderes y pastores entre lo uno y lo otro? ¿Cómo han de ayudar a sus congregaciones a hacer tales distinciones? Si nuestros estudiantes no aprenden cómo hacerlo, cómo juzgar entre la verdad y la mentira, cómo ayudar a sus congregaciones a hacer tales juicios, nuestra educación teológica vale de poco, por mucha Biblia y mucha teología que nuestros estudiantes se sepan de memoria. En breve, la superabundancia de información, tanto correcta como no, en la internet nos obliga aun más a procurar una preparación teológica que capacite a los estudiantes a aplicar un juicio crítico, sobre bases teológicas serias, sobre todo cuanto pueda aparecer en la internet.

Y, ya que hablamos acerca de la internet, al igual que la presencia de la imprenta en tiempos pasados fue acompañada de una serie de cambios en los currículos teológicos, así también hoy la presencia de la internet y de otros recursos digitalizados nos obliga a repensar buena parte del currículo y de lo que se enseña. Un ejemplo de esto bien puede ser el de las lenguas bíblicas. Cuando los reformadores y las generaciones que les siguieron insistieron en la necesidad de conocer a fondo esas lenguas, los pastores y predicadores necesitaban de ellas para interpretar las Escrituras y hacer exégesis. Yo mismo he dicho repetidamente que se me hace difícil entender cómo podemos insistir tanto en la autoridad de la Biblia, y no prestarles a las lenguas bíblicas la atención necesaria para poder leer ese libro sobre el que supuestamente fundamentamos nuestra predicación y nuestra teología. Hoy, sin embargo, hay una abundancia tal de recursos exegéticos, que bien puede ser que lo que debamos procurar no sea tanto que nuestros alumnos conozcan a fondo el griego y el hebreo, sino más bien que entiendan la estructura de esas lenguas de tal modo que puedan hacer uso inteligente de los recursos lingüísticos y exegéticos que tienen a su disposición en forma digital. No es necesario saber de memoria todas las conjugaciones y declinaciones de los participios de un verbo griego para reconocer un participio, entender lo esencial del significado de la morfología que tenemos ante nosotros, y hacer uso de los recursos disponibles en la internet para llegar a conclusiones a las que no se podría llegar sin esos recursos, aun tras varios años de estudio de la gramática griega. Cabe entonces preguntarse si, en lugar de hacer de nuestros alumnos conocedores a medias del griego, no haríamos mejor dedicándole el mismo tiempo a entender lo esencial de la estructura de esa lengua, y a conocer a fondo los recursos disponibles en forma digital que pueden ayudarle a hacer una exégesis seria del texto sagrado.

Pero probablemente no haya otra nueva circunstancia que tendrá mayor importancia para la educación teológica en el futuro que un nuevo modo de ver la relación entre la acción y la reflexión. La modernidad, con su énfasis en la objetividad, daba por sentado que en el proceso del aprendizaje, al menos en cuestiones tales como la teología, debía primero aprenderse un contenido universalmente válido, ya fuese factual, o ya teórico, y luego aprender a poner en práctica lo aprendido. Ese modo de entender la relación entre el aprendizaje y la práctica se manifiesta en lo que ya he dicho sobre las universidades alemanas en las que se espera que el estudiante o candidato a órdenes aprenda la teología, la Biblia y la historia en la facultad teológica universitaria, y luego pase a otra institución para aprender cómo todo eso se relaciona con la práctica de la predicación, con el asesoramiento pastoral, con la dirección del culto, etc. Por las mismas razones, cuando yo estudié en el seminario, aunque todos los estudiantes teníamos que servir en iglesias en ciudades cercanas, esto se veía más bien como un impedimento para nuestros estudios, como una interrupción inevitable. De igual manera, cuando empecé a enseñar en otro seminario en Puerto Rico, los profesores y la administración del seminario nos dolíamos de que nuestros estudiantes, en lugar de poder dedicarse de lleno al estudio, tuvieran que servir en iglesias que competían con el seminario por el tiempo y la atención de los estudiantes. Ni en el caso del seminario donde estudié, ni en el caso del otro en que primero enseñé, el que los estudiantes sirvieran en iglesias se debía realmente a consideraciones pedagógicas o teológicas. Eran sencillamente ineludibles realidades económicas y administrativas. Y en todo caso, lo que normalmente resultaba éramos estudiantes que aprendíamos una cosa en el seminario, y hacíamos otra en la iglesia; estudiantes en quienes se sembraba un profundo sentido de tensión entre una cosa y la otra —tensión a veces fomentada, aun inconscientemente, tanto por el seminario como por la iglesia.

De todo eso surgió un gran adelanto en la educación teológica, lo que se dio en llamar "ministerio supervisado". Según ese modelo, había en cada facultad por lo menos una persona encargada de supervisar lo que los estudiantes hacían en las iglesias. Esto se hacía unas veces directamente por un "director de ministerio supervisado", y otras mediante la supervisión indirecta, a través de pastores bajo cuya supervisión se colocaba el trabajo práctico del estudiante. Por eso, si hoy miramos hacia la historia de la educación teológica en los Estados Unidos —y por tanto también en América Latina— veremos que una de las principales contribuciones de la segunda mitad del siglo veinte fue el desarrollo de toda una disciplina de ministerio supervisado.

Pero aun ese ministerio supervisado dejaba algo que desear. La visión fundamental de esa disciplina era que los estudiantes deberían aplicar en la práctica lo aprendido en teoría, y relacionar lo aprendido en campos tales como los estudios bíblicos y los teológicos con la realidad del ministerio en la congregación local. En otras palabras, se trataba de un proceso linear, en el que el movimiento iba de la teoría a la práctica, de la academia a la iglesia. Pero hoy se piensa mejor del proceso de aprendizaje, no como una línea unidireccional que va de la teoría a la práctica, sino más bien como un proceso circular o en forma de espiral, de modo que la teoría y la práctica, la acción y la reflexión, tienen una relación recíproca y constante. Así, no se aprende primero la teoría y luego se pone en práctica, sino que la práctica también afecta el modo en que vemos, entendemos y desarrollamos la teoría, modificando las preguntas que hacemos y los métodos que seguimos, al tiempo que la teoría constantemente afecta y modifica la práctica.

A partir de tal visión de la relación entre la teoría y la práctica, el compromiso y participación de los estudiantes y profesores en las tareas pastorales, que antes se vieron como una ineludible necesidad que mermaba el valor de la educación, hoy pueden verse como parte integrante de ese proceso mismo. Esto a su vez requiere el adiestramiento de un buen número de supervisores que puedan ayudar a los estudiantes a reflexionar bíblica y teológicamente sobre sus experiencias en las congregaciones, y una creciente apertura por parte de los profesores de materias tales como Biblia, teología e historia que les permita traer a sus clases y a sus materias la vida de la congregación y las experiencias pastorales de los estudiantes. Y requiere también una revisión radical de nuestros currículos, en la que dejemos atrás la división tradicional del mismo en tres o cuatro "áreas" —la bíblica, la teológica, la histórica y la práctica— y pasemos a una visión del aprendizaje en forma de espiral, de tal modo que en cada curso o actividad académica haya un dimensión práctica que no sea sólo aplicación de lo aprendido, sino que sea también factor determinante en lo que se aprende y cómo se aprende. No es sólo que en el aula se aprenda lo que se ha de predicar, sino también que en la predicación se aprende cómo acercarse a lo que se estudia en el aula.

En **conclusión**, los nuevos tiempos a que nos abocamos requieren una reorientación y redefinición total de los estudios teológicos y de la preparación ministerial. Para esa redefinición, hemos de tener en cuenta tanto las experiencias y prácticas pasadas de la iglesia como las nuevas circunstancias que van surgiendo. De todo ello surgen algunas propuestas como elementos constitutivos de una nueva visión de la educación teológica.

La **primera propuesta** camino a una renovación de la educación teológica para el siglo veintiuno consiste en devolver dicha educación al sitio que verdaderamente le corresponde, que es el seno mismo de la iglesia —particularmente de la iglesia en su expresión local. Dentro de tal visión, los seminarios, centros y programas de educación teológica, al tiempo que tienen su lugar, lo tienen sólo en función de su relación con la educación y la reflexión que tienen lugar dentro de la iglesia, y no por encima ni aparte de ella. El mejor aprendizaje tiene lugar en comunidad; pero esto no ha de referirse primordialmente a la comunidad de estudiantes, como en el concepto de "seminario" desarrollado en el siglo dieciséis, sino a la comunidad de fe donde cada estudiante está injertado o injertada.

La **segunda propuesta** es desarrollar métodos de enseñanza y de evaluación de cursos, no tanto sobre la base de lo que se aprende, sino más bien sobre la base del modo en que se enseña y se comparte tanto el contenido como el proceso del aprendizaje. Así, por ejemplo, si se trata de un curso sobre el Credo, buena parte del trabajo que una estudiante deberá hacer será enseñar en su propia comunidad de fe acerca del Credo y de su importancia para la vida de hoy. Al tiempo que esto requerirá estudio e investigación, el propósito final del curso no será que el estudiante sepa mucho sobre el Credo, sino más bien que sepa cómo relacionar lo que aprende con su propia tarea docente dentro de su comunidad de fe.

La **tercera propuesta** consiste en hacer de la educación teológica un proceso de toda la vida —y, como se dice más arriba, de toda la iglesia. El fin de la educación teológica no es un título o diploma. El fin de la educación teológica es la contemplación del rostro de Dios en el Reino final de paz y justicia. En el entretanto, lo que nos corresponde es un continuo proceso de reflexión tanto comunitaria como privada, un constante aprender acerca de Dios, de su mundo, y de los propósitos y acciones de Dios en el mundo, y un constante crecimiento en obediencia y servicio —es decir, un proceso de santificación tanto espiritual como moral e intelectual. Si me fuera dado reestructurar completamente el plan de estudios teológicos, yo daría títulos válidos solamente por un tiempo limitado, y que tendrían que ser revalidados regularmente mediante muestras de que se ha continuado estudiando, y de que se es capaz de enfrentar las nuevas circunstancias que van apareciendo. Por una serie de razones, no tengo muchas esperanzas de que eso se haga en el futuro cercano. Pero, sin llegar a eso, sí podemos subrayar la importancia de la educación continua, de constantemente considerar nuevas circunstancias, nuevas ideas, nuevos métodos, etc.

La **cuarta propuesta** consiste en promover un tipo de educación que ayude a toda la iglesia a enfrentarse a circunstancias siempre cambiantes y a retos inesperados. La educación no puede limitarse a ofrecer respuestas ya hechas, cuando ni siquiera sospechamos cuáles serán las preguntas de mañana. Para responder a preguntas fijas, basta con instrumentos tales como el *Índice de libros prohibidos* de la Iglesia Católica Romana, o con la canonización de la ignorancia de algunos círculos evangélicos. Pero para responder a preguntas inesperadas hay que tener tanto una serie de principios bíblicos y teológicos fundamentales como la flexibilidad y el espíritu crítico necesarios para hallar nuevas respuestas —respuestas fieles a la Biblia y a los principios teológicos, pero al mismo tiempo respuestas nuevas y hasta inesperadas.

La **quinta propuesta** es redefinir la relación entre los estudios teológicos y la práctica del ministerio ordenado —relación que en tiempos recientes se ha dado por sentada. Esto ha de hacerse en dos direcciones, cada una de las cuales, al tiempo que responde a las circunstancias presentes, refleja algo de las prácticas más antiguas en la historia de la iglesia. La primera de esas dos direcciones nos lleva a reconocer que, como en el caso de San Agustín, hay buen número de personas que procuran estudios teológicos, no necesariamente para dedicarse al ministerio pastoral, sino para dedicarse a otros ministerios, o aun para entender y practicar mejor la fe que ya profesan. La segunda dirección nos lleva a reconocer que, como en el caso de Ambrosio, hay hoy un gran número de personas que practican ya el ministerio pastoral, y que buscan los estudios teológicos como un medio para mejorar esa práctica.

La **sexta propuesta** es la creación de programas para adiestrar mentores y mentoras en la tarea de la reflexión teológica y de la práctica pastoral (por lo que se entiende no solamente la práctica del pastor o pastora, sino también y sobre todo la práctica pastoral de la comunidad de fe). Quien enseña teología en un seminario, por ejemplo, ha de ser mentor de sus estudiantes en el proceso que les ha de hacer maestros y maestras —y por tanto a su vez mentores y mentoras— dentro de su comunidad de fe. Quien estudia en ese mismo seminario ha de ver en sus profesores ejemplos y guías en el proceso de volverse mentores en su comunidad de fe —proceso que en su esencia misma ha de resultar en nuevos cuadros y nuevas generaciones de creyentes mentores.

La **séptima propuesta** consiste en producir y promover materiales de estudio y reflexión que puedan servir de recurso para todo lo que antecede. Como he dicho anteriormente, el problema a que la iglesia ha tenido que enfrentarse constantemente a partir de la invención de la imprenta no es la falta de recursos impresos, sino la enorme abundancia de recursos que sirven de poco, o que hasta hacen mal. Con el advenimiento de la internet, esto se ha multiplicado con creces. En lugar entonces de producir listas de libros prohibidos, tenemos que producir materiales que contribuyan positivamente a la vida de la comunidad de fe. A través de la historia que hemos recorrido, hemos visto la importancia de ciertos libros —por ejemplo, la *Institución de la religión cristiana*— como recursos que han ayudado a la iglesia a responder a los retos de su tiempo. Hoy nos corresponde hacer lo propio, tanto por vía impresa como por vía electrónica. Sin tales recursos, resulta difícil el tipo de enseñanza, de aprendizaje y de reflexión que se sugiere en las cinco propuestas anteriores.

Esto será difícil, pues requerirá una transformación profunda en cuanto al modo en que pensamos tanto de las disciplinas académicas como de las prácticas pastorales. Requerirá cambios radicales en cuanto al modo en que las iglesias se relacionan con los seminarios y otros programas de formación teológica y pastoral. Mientras haya seminarios que se imaginen que su función es enseñar lo que la iglesia ha de hacer, e iglesias que se imaginen que su función es decirles a los seminarios lo que han de enseñar, nos será difícil dar los primeros pasos hacia la reforma de la preparación ministerial y la reforma de la iglesia, ambas tan necesarias en nuestros días.

En vista de las realidades que vemos por todas partes en nuestras iglesias y nuestras instituciones, me parece poco decir que esto será difícil. Hay que decir más bien que es imposible. Hay demasiados intereses involucrados. Hay demasiada inercia. Hay muchas otras cosas que podrían parecer más importantes. Pero lo que para los humanos es imposible no lo es para Dios.

Ya Dios está reformando la iglesia. La está reformando, quiéralo la iglesia o no lo quiera. El futuro de Dios se nos viene encima, nos guste o no. El Espíritu Santo llevará a la iglesia por caminos de educación teológica hasta hoy quizá ignotos. Todo esto no depende de nosotros, sino que es acción y promesa del Señor que dijo que las puertas del infierno —y mucho menos las del siglo veintiuno— no prevalecerán contra la iglesia. Por tanto, lo que ahora nos toca no es ver cómo hacemos posible la reforma que Dios requiere y promete, sino más bien cómo nos unimos a ella.

¡Permita Dios que así sea!